社会科学普及读物出版资助重点项目

总主编／徐向红　林建宁

社会科学普及读物出版资助重点项目

创客融资路

主编／金鹏辉

山东人民出版社
国家一级出版社　全国百佳图书出版单位

本书编委会

主　编：金鹏辉

副主编：董龙训

撰　写：郑录军　彭江波　李　菡　王军生

王　营　杨　蒙　边绪宝　于忠龙

刘庆龄　王　馨　王　媛　董　晓

总前言

在新的历史时期，党和国家确立了全面建成小康社会，全面深化改革，全面推进依法治国，全面从严治党的战略布局。实现这一艰巨的任务，既需要有一大批高素质的人才发挥支撑引领作用，更需要不断提升全社会的文明素质，特别是以理论思维、人文知识、处事能力和科学精神为核心的人文素养，这是建设文化强国的必然要求和迫切需要，也是社会科学工作的重中之重。这就要求加强社会科学普及工作，根据时代和社会发展的需要，运用易为公众所理解、接受、参与的方式方法，通过一定的组织形式和传播渠道，普及科学知识、倡导科学方法、传播科学思想、弘扬科学精神和人文精神，提高公众社会科学素质和思想道德素质，促进人的全面发展。这是各级社科联组织的一项重要任务。

加强社会科学知识的宣传和普及，需要有为干部群众所喜闻乐见的通俗读物，好的社会科学通俗读物其社会价值不可低估。当年艾思奇的

《大众哲学》在社会上产生了较大反响，毛泽东同志赞扬该书写得“相当深刻”。在各种思想文化交流、交融、交锋日益频繁，社会思潮多元、多样、多变特征更加明显，大众思想活动的独立性、选择性、多样性、差异性明显增强的新时期，要把抽象的基本原理、专业知识和科学方法等写成生动有趣、实用通俗的科普读物，在介绍和阐释科学知识中融入人文教育、人文关怀，为公众喜闻乐见并非易事。这就更加需要各级社科联组织高度重视社会科学普及工作，坚持不懈地抓好社会科学普及读物的策划、创意、扶持工作，多动脑筋、多想办法，组织动员更多的社会科学工作者投身于社会科学普及读物的创作编写工作，多出成果、出好成果。

近年来，山东省社会科学界联合会在出版社会科学普及读物方面进行了不懈探索。在山东省委宣传部、山东省财政厅的支持下，创设了山东省社会科学普及读物出版资助资金，制定了《山东省社会科学普及读物出版资助管理办法》。出版资助项目坚持以邓小平理论、“三个代表”重要思想、科学发展观为指导，深入贯彻落实党的十八大和十八届三中、四中、五中、六中全会精神以及习近平总书记系列重要讲话精神，坚持为人民服务、为社会主义服务的方向，坚持贴近实际、贴近群众、贴近生活的原则，认真贯彻《山东省社会科学普及条例》，采取自主申报、公平竞争、专家评议、择优资助的办法，每年资助出版一批宣传中国特色社会主义理论体系的通俗读物，宣传、解读经济社会发展战略的通俗读物，传承、弘扬中华优秀传统文化的通俗读物，关注民生、解惑释疑的通俗读物，以及弘扬科学精神、倡导科学方法的通俗读物。这项工作备受全省社科界的关注，激发了广大社科工作者的创作热情，许多优秀的社会科学普及读物不断涌现，深受干部群众的欢迎和好评。

社会科学普及读物只有深入浅出、生动活泼、通俗易懂，才能易于为大众理解和喜爱，进而自觉地学习并有所获益。紧扣主旋律，把握时代性，体现知识性，富有可读性，采取问答、图文解读、动漫、卡通等各种写作方式，编写图文并茂、通俗易懂、适合初中以上文化水平的公众阅读读物，是项目组织者和编写者的共同夙愿和努力方向。

序语

“创客”一词来源于英文单词“maker”，是指在创新驱动发展的大潮中，涌现出的一批真正从个人兴趣出发、不单纯以盈利为目标、努力把各种创意转变为现实的年轻人。最初，这个词在美国、日本、欧洲对应的是一个相对小众的文化。“人们去创客空间做些东西，并不是接近于科学家、发明家，而是更接近于下班以后去KTV唱歌，是一种爱好，一个习惯。”在中国，经过媒体报道与政府扶持，“创客”更多地跟创业和创新结合在一起，与“大众创业，万众创新”联系在一起，特指那些具有创新理念、自主创业或进行产业创业的人。因此，本书将那些“在传统产业勇于创新，怀揣创业梦想和正在创业”的人统称为“创客”。以曾经闻名遐迩的“电子产品一条街”中关村为例，如今行走在这里，人们会发现，创新和创业已然成为中关村人的一种生活方式。而目前这种“创客潮”正由北京、深圳、上海迅速向全国扩散，给中国经济发展带来了新的动力。

放眼全球，无论是美国、德国、以色列等发达国家还是印度等发展中国家，政府都针对创新、创业出台了一系列的扶持政策，引导各类人才投身创业热潮。纵观国内，改革创新正在引领新一轮创业浪潮。李克强总理曾在达沃斯论坛开幕式上说，要借改革创新的“东风”，推动中国经济科学发展，并在960万平方千米土地上掀起“大众创业”“草根创业”的新浪潮，形成“万众创新”“人人创新”的新态势。此后，李克强总理在首届世界互联网大会、国务院常务会议以及其他诸多场合中频频阐释这一关键词。每到一地考察，李克强总理几乎都要与当地年轻的“创客”会面，希望激发民族的创业精神和创新基因。李克强总理2015年在政府工作报告中提出，要打造大众创业、万众创新和增加公共产品、公共服务“双引擎”；之后又在2016年两会部署工作重点时再次强调，要发挥大众创业、万众创新和“互联网+”集众智汇众力的乘数效应，打造众创、众包、众扶、众筹平台，构建大中小企业、高校、科研机构、创客多方协同的新型创业创新机制……

回顾改革开放30多年，每一次的创新创业浪潮都会给中国经济社会带来巨大的活力。目前，有利于“双创”的土壤正在形成，城市和乡村、沿海和中西部，随处可见创业者忙碌的身影，中国经济“双创”印记日益鲜明。政策环境大为优化，激发了大众的创业热情，中国社会创新创业蔚然成风，“大众创业、万众创新”实现了“开门红”：2015年全国新登记企业达443.9万户、比上年增长21.6%，注册资本29万亿元、增长52.2%，均创历年新登记数量和注册资本总额新高。2016年新登记企业为552.8万户，继续保持增长态势，比2015年增长24.5%。除了新设企业数量“井喷”外，创新创业平台在中国遍地开花。截至2015年年底，各类科技企业孵化器超过2500家，培育和认定小企业创业创新基地4000多家，各地创新创业服务体系也日趋完善。

调查发现，一些地区70%以上的初创项目在3个月内就注销退出了，只有不足10%的初创项目转化成了小微企业。即使成立了企业，由于创业风险的客观存在，初创企业往往也是“九死一生”，存活率不高。因此，对于企业来说，不但要能够“生出来”，而且要“活下去”“活得好”。其中，资金是制约企业发展的主要因素之一。

近年来，我国的金融体系发生了深刻的变化，在组织机构、金融产品和服务上的创新、变化层出不穷，对于创业者来说，如何更好地获得资金上的支持对企业的发展至关重要。《创客融资路》一书力求用通俗的语言，以故事和案例的形式解读当前的金融政策和产品，引导企业合理利用既有的政策和融资产品，并使其掌握必要的融资常识和理念，在企业发展需要资金的时候能够“物尽其用”。

《创客融资路》是山东省委宣传部、山东省社会科学界联合会立项的社会科学普及读物出版资助重点项目，由山东省金融学会组织编写。该书通过虚构的“创客”张云回国创业中的一系列金融行为，向读者详细描述了相关金融知识与金融案例，力求成为简洁、实用，可读性好、操作性强的金融科普工具书。创新创业，不仅是中国经济的“新引擎”和“新动能”，更是国民实现自身价值、努力实现中国梦的良好途径。对于整个国家来说，通过创业带动就业，增加转移人口就业机会和稳定性，能够避免出现“拉美化”现象①，实现经济的持续稳健增长。对于广大民众来说，他们需要通过

① 20世纪50年代起，巴西、墨西哥等国家经济开始发展，连续30年保持6%～7%的年均增长速度。1980年的人均GDP，墨西哥达1316美元，巴西1925美元，智利2057美元，阿根廷超过4000美元，各国大体上都超过1000美元。但这些国家从此就一蹶不振，经济增长乏力，其后20年中基本维持在1%～2%的低速增长，而贫困差距日益扩大，治安混乱，社会失衡，政局动荡。这种经济快速发展，在人均GDP越过1000美元后出现经济与社会严重失衡、经济发展不前、贫富分化、社会动荡、人与自然不和谐等现象，称为“拉美现象”，也有人称之为“拉美化”。

直接参与创业创新大潮，极大地满足自我创造、实现自身价值的追求，能够有更大的舞台来发挥聪明才智。金融是现代经济的核心，在助推创业创新的过程中责无旁贷。让我们一起为推动经济社会发展、提高民众福祉、实现中华民族伟大复兴的中国梦，撸起袖子加油干吧！

目录 CONTENTS

第一章　创业融资 ABC

张云，山东人，同学眼中曾经的“学霸”，后留学美国加州大学伯克利分校，博士毕业后就职于一家知名的跨国公司，主要从事节能环保领域相关产品的研发设计。而立之年的他已经拥有了多项技术专利，是一个典型的“技术男”。

数年前，一次偶然的经历点燃了他大学时就有的创业梦想，也改变了他的人生轨迹。当时，山东省某市领导专程到美国，召集海外留学生和华人华侨座谈，张云作为拥有多项发明专利的科技精英应邀参加了会议。会上，在听取了该市对于海外归国创业人员的优惠政策和扶持措施后，张云深切感受到了国内对海外留学和科技人才的重视和渴求，创业的激情被点燃。他觉得这是一个既可以报效祖国又能够干事创业的好机会。他把这个想法告诉了同事孙明，二人一拍即合。就这样，一个回国创业的核心团队就此形成，而他们投资的项目就是基于张云研发的多项具有自主知识产权的技术专利，产品主要用于节能环保领域。

由于长期从事环保行业工作，他们敏锐地意识到，随着我国城市开发建设的快速发展以及人们环保意识的提高，环保设备在污染治理等领域的应用越来越广泛，政府、企业和个人在节能环保领域的投入持续增长。在这一领域进行创业，必将拥有广阔的市场前景和效益。

回国创业的想法确定后，选择合适的地点创业也就成为摆在张云及其创业团队面前的首要问题。经过综合考察，他们将创业地点定在济南市。不可否认，无论从创业环境还是创业节奏，济南还落后于北京、上海、广州、深圳等发达地区，但对于土生土长的山东人张云来说，山东人“豪爽、侠义”的性格以及山东作为工业大省的产业特点和资源比较适合公司产品的市场定位，而济南市政府的重视和各项优惠政策，对于张云及其创业团队来说，也具有足够的吸引力。

一、创业初体验

经过考察了解、实地走访和获取各方面的信息，最终张云团队将公司设在了济南市区东部的高新区，这是一个在政策优惠、创新环境、工作氛围、人才集聚等方面都在不断发展的示范区。

延伸阅读1-1

从三个镜头看当前的创业环境（以济南高新区为例）

镜头1

2015年，29岁的李敬南跌跌撞撞地冲进了创业的浪潮。当了6年“北漂”后，他回到济南，在高新区创办了一家只有3个人的文化传媒公司。

拿市场“入场券”的过程简单得让他难以置信：不仅没花一分钱，而且不到3天就全办完了。阳光洒在脸上，李敬南觉得全身每一个细胞都迸发出成长的活力。他说：“我们有实力，有想法，现在的政策环境又这么好，那为什么不开始干呢?”

以创新创业立命的济南高新区，正以一种更加宽容、更多鼓励的创业氛围拥抱着创业者。政府尽最大努力简政放权，把市场说了算的统统交还市场，同时，打造创业服务全产业链，把创业者“扶上马、送一程”。在这里，创业者不花分文就能开办公司；在这里，创业者缺钱时能有多种融资渠道；在这里，创业者可以免费享用公共技术服务平台……

镜头 2

3 月 18 日，××仪器进入全国股转系统上市指数首批名单。从 3 个人到 200 多人，从东拼西借的十几万元到注册资本 1600 万元，××仪器推出的元素分析系列产品、物理光学系列产品已成为国内用户首选，凯氏定氮仪在中国市场占有率排名第一。××仪器董事长王志刚告诉记者，登陆新三板是企业发展的里程碑。

巧妇难为无米之炊，融资难是中小企业成长中难以迈过去的坎。基于此，济南高新区正在打造扶持科技企业成长的全产业链金融服务体系，企业发展全过程都将获得与资本市场的对接服务——初创型企业可与天使基金、政府引导基金对接，成长期企业可在科技金融服务平台上获得资本支持，成熟期企业可以获得政府与中介的专业扶持，在新三板、中小板、主板等多层次资本市场登陆。

据悉，目前高新区活跃着 230 多家各类金融机构，以天使投资、创业投资、风险投资、债权融资、融资租赁、银行贷款、上市融资等为主的多元化投融资体系已蔚然成形。

镜头 3

张锦景，济南高新区某公司的创始人，原来是一名心内科医生，发明了我国第一套固定电话传输心脏远程监护系统。他希望能创建为我国心脏病患者提供远程监护服务的平台，但在初期光买设备就要投入 300 多万元，对一家中小企业而言，这是个天文数字。通过借助创新园免费提供的公共技术支撑平台，张锦景成功搭建了中国首个心脏远程监护公共服务平台，已累计为超过 20 万名患者提供了心脏远程监护服务。

眼下高新区正加速构建引领新兴产业发展方向的“众创空间”，让这些“草根科学家”聚众“拼车”，降低创新的交流成本及经济成本。银荷大厦、奥盛大厦、鑫盛大厦已投入使用。在信息通信产业（ICT）园的创新工场，厂房可租可售，专门为有生产制造需求的中小企业量身定做，提供发展空间。

二、企业融资那些事

在高新区创业投资中心工作人员的帮助下，张云的公司很快便注册成立了，他们也切身感受到了简政放权、招商引“智”带来的优惠和便捷。对于张云来说，从此刻开始，他将实现职场角色的巨大转变——由一名技术研发人员变成一名掌控全局的创业者。以前的张云只需要关注科研方面的事务就可以，而现在的张云除了要关注研发、生产和人员的管理，还需要时刻关注企业资金的流进流出，毕竟因为资金出现问题而导致创业失败的案例，无论是在美国还是在中国都有很多。

小贴士 1-2

创业公司失败的20大原因

美国科技市场研究公司 CB Insights 通过分析，得出了科技创业公司失败的20大原因（表1-1）。

表1-1　创业公司失败的20大原因

1. 没有分析需求就贸然开发产品	7. 缺乏商业模式
2. 融资用完，无法获得新融资	8. 糟糕的营销
3. 团队不行	9. 忽视客户
4. 竞争力不足	10. 产品推出时间点不对
5. 定价/成本出现问题	11. 精力不集中
6. 糟糕的产品	12. 创始人和投资者意见不合

（续表）

13. 发展方向偏离轨道	17. 法律风险
14. 缺乏热情	18. 未有效利用网络和倾听意见
15. 地理位置不佳	19. 筋疲力尽
16. 无融资和投资者支持	20. 未能及时纠偏

启示 任何创业都是需要成本的，几乎所有的创业者都会遇到资金不足的问题。受目前国内的信用环境影响，外部融资对于创业者来说变得较为困难。因此，对于创业者来说，想要保证企业的正常运转，就必须广泛搜集信息，抓住一切机遇筹集企业发展所需的资金。从科技创业公司创业失败的20大原因中也可以看出，无法获得融资或前期融资用完导致创业失败排在所有原因的第二位。

作为一名海归创业者，张云很清楚自己的优势和劣势。任何创业者要想创业成功，必须有一个稳定的核心团队，同时，研发、生产、销售和资金一样都不能少。为此，公司专门招募了一名有着丰富管理经验的业务主管李华，主要负责公司的生产、销售和人力资源管理，孙明主管技术研发，而张云则主要负责统筹协调和资金保障。在技术研发上，张云和孙明是业内专家，在生产管理上他们也极大地放权给李华处理，但在资金的筹措上，张云是个地道的“门外汉”，不仅对如何融资不甚了解，对国内的融资体系、企业资金的运作等更是一头雾水。想到有太多的创业公司因为资金难题而倒闭，张云不敢有丝毫懈怠，找出电话本，联络在银行工作的高中同学赵兵，打算请他来普及一下公司融资方面的知识。

延伸阅读1-3

融资前的准备工作

1. 管理团队

成功的企业都有一个共同的特点，就是他们有一个优秀的团队，这是创业成功的第一要素。而完全依赖于企业家一个人的创业企业，往往会令投资商望而却步。一个完美的创业团队包括三方面的成员：管理、营销及技术人才。

2. 市场

第二个因素是企业必须面向有潜力的市场。这个市场有很大的容量，且有很高的成长性，而企业也正好能在恰当的时候引入恰当的技术或产品来满足这个市场的需求。

3. 产品或技术

如果产品很容易模仿，那么很可能落入价格战的归宿，已经有完善销售网络的大公司可以很容易把新手挤掉，品牌建立也需要时间与资金。专利、版权、独占的销售渠道及牢固的战略联盟都可以让企业保持持久的竞争优势。但是，如果产品或技术太过创新，市场会有一个接受的过程，如果没有很好的营销策划，同样可能面临市场导入的困境。

赵兵和张云虽然多年未见，但赵兵的性格还是跟以前一样，是个急性子且为人仗义。赵兵在银行工作多年，一直在公司业务、计划财务等部门工作，对企业融资方面的事可谓“驾轻就熟”。张云上午刚给他打完电话，下午他就抽空赶到了张云位于高新区的办公室。

他告诉张云，眼下市场上融资的渠道跟十多年前大不一样了，现在企业的融资渠道变得越来越宽，适合创新型企业的融资方式更是多种多样。最传统的融资渠道——银行的信贷业务也有了很大的创新，比如对初创型企业来说，如果没有土地、房屋等不动产，也可以利用拥有的发明专利、核心技术作为质押，向银行申请贷款。此外，国家还采取业务补助、增量业务奖励等措施，积极引导银行、担保公司等机构为小微企业提供融资和担保服务。除此之外，对于银行不愿意做的、投资基金看不上的企业，小企业集合基金这类“草根债”可能会帮上忙。“草根债”由政府财政资金、个人理财资金、专业机构资金共同认购，所募集的资金投向经筛选的优质小企业，融资成本比民间借贷低不少呢！

赵兵喝了口咖啡，继续说道：“各地政府还统筹财政资金，吸引有实力的企业、金融机构等社会、民间资本参与，形成了不同规模的创投引导基金，重点支持像你们这种处于‘蹒跚’起步阶段的创新型企业。当然，企业还可以选择股权或众筹等新潮的融资方式，这种融资方式门槛低、筹资灵活，越来越受到创新型企业的喜爱。如果企业做到一定规模，后续还可以考虑通过挂牌上市，在新三板、创业板、中小企业板等资本市场上进行融资。新三板对进场挂牌的企业，不设财务门槛和股权分散度指标，交易机制和融资制度上也更加灵活，构建了包括企业股权、债权、优先股等融资工具在内的直接融资体系，支持企业并购重组，企业可以根据自身的发展阶段灵活选择。创业板的融资大门，也正向更多的企业打开，收入在一定规模以上的企业，只需要有一年盈利记录即可申请上市，行业范围也不再受限。中小企业板、创业板、新三板各自突出特色定位，企业可以根据自身的情况选择适合的平台上市融资。”

听完之后，张云茅塞顿开，心中的担忧减轻了不少，直呼现在的融资体系变化太大，如果不系统地学一学这方面的知识，还真会走不少弯路。现在企业融资的路宽了，只要是真正干事创业的，选择一种最适合自己的融资方式就可以了。听到这，赵兵顿了顿，扯了扯嗓子，故作深沉地说："老同学，这个可没你想的那么简单。如何融资可是门学问，企业如何融资还得看看我给你准备的'葵花宝典'。这是别人根据企业所处的阶段总结出来的融资策略，对于初创企业来说大有裨益，一般人我可不告诉他。"说完，赵兵递过来几张纸，只见标题写着《创新型企业在不同发展阶段的融资策略》。

知识链接 1-4

创新型企业在不同发展阶段的融资策略①

创新型企业一般有种子期、创建期、生存期、扩展期、成熟期等阶段，这些阶段的收入预见性、稳定性及信誉可靠性大不相同，因此融资策略差异也较大。对于采取何种融资策略，我们提出以下建议。

1. 种子期

在种子期内，创业者可能只有一个创意或一项尚未完全成功的科研项目。这时候，创业者基本都得靠自己，但如果这个创意或科研项目非常好，可以吸引一些被称为"天使"的投资机构或个人投资者。天使投资者通常是通过自己职业经历积累了足够的财富，可以支持一些小型的科研开发项目或创业项目。尽管他们提供的资金通常不多，但他们丰富的阅历和经验能够为创业者提供很好的建议，勾勒未来的蓝图。这一点对于初出茅庐的创业者来说尤为重要。

种子期的主要成果是样品研制成功，同时形成完整的生产经营方案。

① 本融资策略仅对不同阶段的企业融资提供参考。实践中，不同类型和规模的企业在发展的不同阶段存在差异，融资方式和策略也不尽相同。

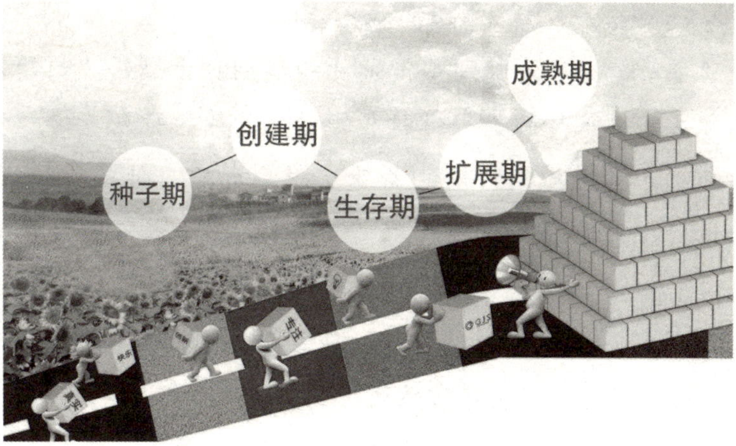

2. 创建期

一旦样品研制成功，创业者一般会着手筹建公司并进行试生产。在这一阶段，所需的资金是巨大的。由于创业者没有过去的经营记录和信用记录，从银行申请贷款几乎是不可能的，在这一阶段的融资重点是吸引风险投资。

风险投资机构的管理者是非常专业的投资专家，有着非常严格的投资程序，并对投资项目特别是创业者及其管理团队的素质非常挑剔，创业者要想成功地融资必须做充分的准备工作。风险投资机构，一般不会直接干预企业的生产经营活动，在产权上要求非常明晰，特别强调企业能严格按现代企业制度科学管理、规范运作。因此，长远来说风险投资对企业是非常有好处的，特别是对未来的上市融资。

3. 生存期

在此阶段，市场销路尚未打开，产品容易造成积压，现金流出经常大于现金流入，企业稍有不慎就会陷入资金周转困难的境地，需要多方募集资金以弥补现金的短缺。由于股权结构在公司初期时已确定，权益类融资已不宜操作，此阶段的融资重点是充分利用负债融资。

企业负债融资分为长期负债融资和短期负债融资。长期负债融资的来源主要有银行的长期借款和融资租赁等，短期负债融资主要有银行的流动资金短期借款和商业信用形成的应付款项等。因此，如何与银行打交道并与银行实现“双赢”，成为本阶段融资的中心工作。

4. 扩展期

在此阶段，企业发展非常迅速，原有资产规模已不能满足需要，为此，企业必须增资扩股，注入新的资本金。原有的股东如果能出资当然最好，但通常的情况是需要引入新的股东。此时，企业可选择的投资者比较多，取得银行贷款或利用信用融资比较容易。

需要注意的是，这一阶段融资工作的出发点是为企业上市作好准备，针对上市所需的条件进行调整和改进，实际上是引进战略合作伙伴。

5. 成熟期

成熟期的工作重点是完成企业上市，企业成功上市如同鲤鱼跳龙门一般，会发生质的飞跃，融资将不再成为长期困扰企业发展的难题。因此，从融资的角度，上市成功应是企业成熟的标志。同时，企业上市也可使风险投资成功退出，使企业得以进入良性循环。

张云研究了一会儿，抬头看了看表，发现他们足足交流了1个多小时，本来以为赵兵说得差不多了，没想到还没完。赵兵又打开了话匣子：“老张啊，既然你请我来给你讲企业融资方面的知识，那我就得负责到底。这几页纸你慢慢看，我这些总结得还不够全面。融资渠道选择策略除了要充分考虑企业类型、所处阶段以外，还要充分考虑资金的需求特点。比方说，资金需求规模较小的时候，可以利用个人借款、员工拆借、典当融资；规模较大时，可以吸引权益投资或银行贷款。资金需求的期限较短时，可以选择短期拆借、商业信用、民间借贷；期限较长时，可以选择银行贷款、融资租赁或股权出让。资金成本承受能力低时，可以选择股权出让或银行贷款；承受能力强时，可以选择短期拆借、典当、商业信用等融资。每个企业的具体情况不同，所以在企业面临融资的时候，还得具体问题具体分析才行。”

知识链接 1–5

不同类型创业企业的融资策略

从创业融资角度看，创业企业可分为制造业型、商业服务业型、高科技型以及社区型等类型。各类型的中小企业融资特点和可选择的融资方式如下：

1. 制造业型创业企业

制造业型创业企业的资金需求比较复杂，这是由其经营的复杂性决定的。无论是用于购买原材料、半成品和支付工资的流动资金，还是购买设备和零部件的中长期贷款，甚至产品营销的各种费用，都离不开资金的扶持。一般而言，制造业企业资金需求量大，资金周转较慢，经营活动和资金使用涉及的面也较宽。因此，风险相应较大，融资难度也更大一些，可选择的融资方式主要有银行贷款、融资租赁等。

2. 商业服务型创业企业

商业服务型创业企业的资金需求主要是库存商品所需的流动资金和促销活动的经营性开支。其特点是量小、频率高、借款周期短、借款随机性大。但一般而言，风险相对其他类型的企业要小。因此，城商行、村镇银行、小额贷款公司等规模较小的金融机构是其最佳选择。

3. 高科技型创业企业

高科技型创业企业的主要特点是“高风险、高收益”。此类企业除可通过常规渠道融资外，还可采用吸收风险投资公司投资、天使投资、投资基金等方式进行融资。风险投资公司的创业基金是支持高新技术企业发展较为理想的融资方式。创业资本与其所扶持的企业之间是控股或参股关系，风险投资公司可从创业成功企业的股价升值中数倍于原投资额回收原有投资，契合了“高风险、高收益”的企业特征。

4. 社区型创业企业

社区型创业企业，比如餐馆、美容美发、便利店、家政服务等，具有特殊性，它们具有一定社会公益性，容易获得各项优惠如税收政策、资金扶持政策等。该类创业企业，应首先考虑争取获得政府的扶持资金。

说完这些，已经是下午6点多了，张云看了看表，赶紧说道：“哎呀老同学，这一聊起来就忘了时间，天都黑了！看来我今天是找对人了，听完你说的这些，再加上你这‘葵花宝典’，我真是受益匪浅呐。你看，肚子都开始‘咕噜咕噜’闹意见了，咱们找个馆子，边吃边聊吧。”说完，他们便收拾衣物，来到楼下停车场，驾车一溜烟地消失在夜色之中。

三、融资路上的“真假美猴王”

来到酒店，刚一落座，还没上菜，赵兵品了品服务员端上来的绿茶，又滔滔不绝地讲起来。“老同学，刚才我说的是企业融资的基本套路。在具体操作过程中，要想提高效率、少走弯路，还得像孙悟空一样有双‘火眼金睛’，能够区分真假投资机构才行。”这个可不能马虎，张云抬起头认真倾听，生怕漏了什么在以后的工作中吃大亏。

小贴士 1-6

怎么判断假投资机构

1. 冠冕堂皇的公司名称

骗子公司喜欢把名头弄得很大，比如冠以“国际投资集团”的名义，一般人一时难辨真伪。另外，他们的办公地点也非常高大上，多设在高档的写字楼里，给人“体面”“有实力”的印象。

2. 令人头疼的人员素质

真正的投资人专业知识丰富，综合素质颇高。而骗子投资人大多未接受过专业的训练，所在的诈骗团体也没有财力和精力去培训业务能力，造成他们在投融资知识、行业规则、业务认识等方面极其欠缺、毫不精通。所以，他们常常避实就虚，对于专业性的东西闭口不谈，而是将精力花在与你洽谈费用上面。

3. 巧立名目乱收费

骗子投资人喜欢巧立名目，要求项目方承担各种费用，比如考察你的项目要你提供考察费（还包括路费、住宿费、招待费等）、对项目进行评估收取项目受理费和评估费、推荐中介做资质审核收取律师费（与律师分成）等等。这些都是违背商业规律的。真正的投资机构，其考察费、评估费、项目受理费等都由自己承担。

4. 伙同不良中介行骗

骗子投资人有时会与一些不法机构合作（律师事务所、会计机构等），合伙欺骗项目方。骗子投资人向项目方推荐中介机构做资质审核、项目评估、律师咨询等服务，然后由中介收取费用，与骗子投资人一起分账。项目方需要知道的是，真正的投资人从不会指定所谓“有水平”的机构让你去接受各项服务，否则有违行业规范。

5. 兔子不吃窝边草

骗子投资人一般不会在本地行骗，因为骗人后将很难在此立足。外地项目方是他们的目标，因为项目方被骗后，由于距离原因无法及时找到骗子的窝点，维权讨说法的成本太高。另外，骗子还喜欢从未接受过投资的项目方，因为这类项目方不熟悉行业，更容易在骗子的花言巧语之下上当受骗。

“原来这里面的‘猫腻’这么多啊！老同学，你要是不告诉我，我还真不好分辨，至少现在我能拿着你给的‘照妖镜’好好分辨一下了！”张云严肃地说道。“那是，管一个企业哪那么容易啊，光融资就有这么多道道。不过，我说的这些只给你普及了一下常识性的知识，每个企业的情况也不尽相同，需要资金的时候还得具体情况具体分析，权衡各种融资方式的优劣后，再作出最适合企业发展和各方利益的最优选择。还有，你要是想进一步了解是否适合你现在企业的具体情况，还得让创业服务中心帮你引荐各个领域的专家，他们在扶持初创企业上还是非常有经验的，尤其是对待像你们这样处于初创阶段的企业。金融是个大产业，证券、银行、保险和各类投资机构多得很，好多东西我就是略知一二。现在创新的步伐又那么快，新业务层出不穷，连我这个在银行工作的人也不见得说得清楚！”此时的赵兵话锋一转，说得如此谦逊，倒让张云都有点不适应了。“老同学，你客气了，你今天说的对我这个门外汉来说已经很受益了，至少常识我是了解了不少。来来来，菜都上来了，你尝尝，口味非常不错。我从美国带回来的红酒，你也品品。工作上的事，以后还少不了麻烦你，咱们改天再聊。”

第二章 “起步阶段”融资路

公司设立后，张云及其团队将全部的精力放在了设备购置、厂房建设、人才招募、产品生产和市场营销等具体事务上。用张云的话来说：“我们整天忙得晕头转向，就像被剥了层皮似的。虽然在创业前有过心理准备，但当真正创业的时候还是没有想到会如此辛苦。”功夫不负有心人，随着样品的反复调试、改进和公司业务的开拓，半年之后，公司研发生产的产品开始得到市场的关注，省内一家公司也初步表达了购买公司产品的意愿，省外的营销工作也逐渐铺开。

小高是高新区创业服务中心的工作人员，负责张云所在公司的协调服务工作，会定期到张云公司走访，了解企业的生产经营情况、遇到的困难以及他们的政策诉求等等。这不，今天上午小高又来到张云办公室了解情况。不过，这次除了要了解企业的生产经营情况，小高还带来一个好消息：为了提高园区内企业的创业能力，降低创业风险，创业服务中心决定在本周六举办一场“初创融资那些事”的主题沙龙，邀请了创投方面的专家做讲座，对有意向创业以及园区内正在创业、已经创业的人士提供系统的技能培训，这次主要是围绕企业融资方面的培训。显然，这个培训对于创业中的张云来说再合适不过了。眼看着公司的经营状况略有起色，半年来张云始终提着的心稍微放下了些，听小高说起要举办这种沙龙，他可不想放弃这种机会。于是，张云爽快答应了小高的邀请，而且要带上公司的几个年轻人一起去“充电”。

周六上午，沙龙活动如期举行，参加活动的人员还真不少，原本容纳200多人的会议室竟然显得有些局促。据悉，来参加活动的多是创业未满2年的公司代表和个人创业者。原来，创业服务中心经过前期调研了解到，对于成立未满2年的企业来讲，很难以公司的名义从银行获得贷款，资金缺口一直存在，因此这部分企业经常会碰到资金上的问题。为了帮助企业获得更加高效、低廉的资金，中心专门邀请了国内创投方面的专家——某证券公司的于军和保险公司的张健来到现场普及证券、保险方面的必备知识。于军在给创业公司培训方面驾轻就熟，开场做了个简单自我介绍后就直奔主题。他指出，对于创业公司来说，资金匮乏一直是困扰企业发展的主要障碍。那么，如何解决这个难题呢？对于最初创业的企业或创业者来说，“众创空间”等创新型孵化平台无疑是最合适的选择；对于起步阶段的公司而言，除了靠自有资金、留存资本外，还可以借助资本市场上的股权众筹、风险投资及私募股权投资等渠道进行融资；对于那些已经具有一定规模并且生产经营进入良性发展的企业而言，则可以选择在区域股权市场、新三板市场甚至是创业板市场、中小企业板市场进行挂牌上市融资。

一、众创空间

众创空间是顺应网络时代创新创业特点和需求，通过市场化机制、专业化服务和资本化途径构建的低成本、便利化、全要素、开放式的新型创业服务平台的统称。这类平台，为创业者提供了工作空间、网络空间、社交空间和资源共享空间。一方面，众创空间是门槛更低、更方便为草根创业者提供成长和服务的平台；另一方面，众创空间是能够提供创业培训、投融资对接、商业模式构建、团队融合、政策申请、工商注册、法律财务、媒体资讯等全方位创业服务的生态体系。

2015年1月28日，国务院总理李克强主持召开了国务院常务会议，指出要顺应网络时代推动大众创业、万众创新的形势，构建面向人人的“众创空间”等创业服务平台，对于激发亿万群众创造活力、培育包括大学生在内的各类青年创新人才和创新团队、带动扩大就业、打造经济发展新的“发动机”具有重要意义。统计显示，在2016年中国众创空间综合竞争力排行榜上，创新工场、联想之星、创业邦孵化器、3W孵化器、深圳创新谷、优客工场、腾讯创业基地、北大创业孵化营等均位居前列。每一个创业园区光鲜名字的背后，似乎都在酝酿着一个又一个前途无量的创业项目。

知识链接 2-1

当前创新型孵化平台的六种运营模式

当前创新型孵化平台模式各异，但理念一致，都是要做专业的创业服务商。纵观国内市场上形态各异的创新型孵化平台，大致将其归为以下六种模式：

模式一：企业平台型

企业平台型是指基于企业现有先进技术资源，通过技术扶持，辅之以企业庞大的产业资源为创业者提供高效便捷的创新创业服务。该模式的主导者通常为大型科技企业，拥有雄厚的资金实力，前期不追求初创企业为孵化平台带来盈利，而着眼于鼓励创业在其现有先进技术平台上实现突破，实现创新。目前，百度、腾讯、京东和中国联通、海尔集团等科技型企业都已着手建立旗下孵化平台，吸引了大批的创业者加入。

表 2－1 “企业平台型”典型孵化器

孵化器名称	地 区	概 述
百度创业中心	北京/成都/厦门/天津/深圳/上海	孵化器为初创团队提供免费的办公场地、公司运营配套等一系列服务。帮助团队快速完成项目的落地，解决初创团队资金压力、技术资源短缺等实际困难，降低创业风险，提升创业成功率。针对快速成长的创业团队，除提供免费的办公空间、公司注册等基础配套服务以外，突出当产品在推向市场的阶段时，在推广策划与资源的扶持上，向优质的团队倾斜应用分发和市场推广资源以及政府机关的扶持政策与补贴，通过沙龙、路演提供优质团队曝光机会，实现一站式的创业服务。
腾讯众创空间	北京/深圳/上海	腾讯众创空间具备包括线上和线下的五大核心能力——流量加速能力、开放支持能力、创业承载能力、教育培训能力和辐射带动能力，将能够满足创业者的资金、成长、场地、营销、流量五大需求，真正对创业者实现全要素的供给和全流程的孵化加速。
BLZSpark	上海	依托中国联通在移动互联网产业的品牌效应、运营商资源和平台优势，四方强强联手，通力合作，整合各方优势资源，组建专业服务团队，吸引全球范围内优质企业进驻，逐步形成国内外移动互联网企业聚集的产业生态圈。
海尔海创汇	青岛/宁波/杭州	海创汇是海尔集团由“制造产品”向“孵化创客”转型的孵化平台品牌。依托海尔生态产业资源及开放的社会资源，海创汇区别于普通孵化器，实现了创新与创业、线上与线下、孵化与投资的系统结合，为创客提供包含投资、学院、供应链与渠道加速、空间、工厂、创新技术等一站式孵化服务。目前，海尔已经成为首批国家级“创客空间”，并入选首批国家双创示范基地。

来源：根据清科研究中心研究报告和创新平台对外公开信息整理。

模式二：“天使＋孵化”型

“天使＋孵化”模式孵化平台主要是效仿美国等发达国家孵化平

台的成功模式。该类孵化平台通常由民间资本或教育类机构（如各大创投机构或高校）主导，为创业者引进成功创业者、大型企业高管或创业投资人等具有丰富行业或创业经验人士作为导师，传授创业者运营管理、产品设计、发展策略等经验，旨在预估创业障碍，降低创业风险，提升投资成功率，实现创业者和投资人双赢。

表2－2 “天使＋孵化”型典型孵化平台

名　称	成立时间	概　述
联想之星	2008年	作为一个孵化器项目，旨在捕捉初创科技企业的机遇，通过协助解决创业公司所面临的资金、人才招聘、培训及其他资源等问题，推动其概念及技术商业化。联想之星为创业者提供天使投资、创业培训和开放平台等服务。截至2016年年底，联想之星共管理2支基金，规模约为人民币11亿元，专注TMT、医疗健康、智慧技术三大方向，累计投资境内外项目超过160个。
创新工场	2009年9月	创新工场是一个全方位的创业平台，旨在培育创新人才和新一代高科技企业。创新工场针对早期创业者需求的资金、商业、技术、市场、人力、法律、培训等提供一揽子服务，帮助早期阶段的创业公司顺利启动和快速成长，帮助创业者开创出一批具有市场价值和商业潜力的产品。创新工场的投资方向将立足信息产业最热门领域：移动互联网、消费互联网、电子商务和云计算。
北大创业孵化器	2012年6月	“北大创业孵化器”由北京大学作为核心股东发起成立，是国内高校建设创新创业服务平台的开拓性探索，集科技成果转化、企业孵化辅导、创业金融服务于一体，成了北大师生校友创新创业过程中，服务、互助与链接各类社会资源的重要阵地。大健康（医疗、生物医药、医疗器械等）、大文化（旅游、教育、影视、内容创业、泛娱乐、文创）是北大创业孵化器的主要服务领域。北大创业孵化器依托5000万种子基金、13.5亿元创投基金、12亿元并购基金为创业团队提供资金支持，并通过孵化企业、加速导师、加速科技成果转化等促进优质项目的实现。

（续表）

名　称	成立时间	概　述
洪泰创新空间	2015 年 4 月	洪泰基金是综合服务运营商，不是简单的办公室，而是打通整个创业产业链，办公 + 服务、咨询、投资、技术、互动管理，以及使项目如何获得投资者关注。2017 年 4 月 26 日，优客工场与洪泰创新空间共同宣布，双方已正式签署战略合并框架协议，扩大后的公司总体估值将达 90 亿元。

来源：根据清科研究中心研究报告和创新平台对外公开信息整理。

模式三：开放空间型

该模式的孵化平台为创业者提供基础的办公空间，并以工位计算收取低廉的租金，同时提供共享办公设备及空间。孵化平台会定期邀请创业导师来举办沙龙或讲座，为创业者答疑解惑、指点迷津。在资金支持方面，该类孵化平台虽不提供创业投资基金，但与各个创投机构保持着非常密切的联系，有的甚至邀请创投机构长期驻场，以便节省创业者的时间、提高融资效率。当前如车库咖啡、3W 咖啡、科技寺等都已成功孵化了大批的创业项目。

表 2－3　“开放空间型”典型孵化平台

名　称	成立时间	概　述
车库咖啡	2011 年 4 月	创业者只需每人每天点一杯咖啡就可以在这里享用一天的免费开放式办公环境，更重要的是可以接触投资人、媒体、其他创业者。在车库这个创业圈里，开放的环境可以让你更好地整理思路、整合资源。目前车库咖啡已在重庆、福州、合肥、海口、厦门、东莞、承德、共青城全国 8 个城市布局落地，自主经营与合作经营面积已达 15 万平方米。至今车库咖啡服务创业者有数十万人次，对接投资者数千人，已经有近 1500 家创业企业从车库咖啡走出，总融资额超百亿。

（续表）

名　称	成立时间	概　述
3W 咖啡	2013 年 8 月	3W 咖啡是国内最早成功的众筹创业咖啡馆，以 3W 咖啡为契机，搭建了中关村创业大街上最大的创新型孵化器——3W 孵化器，不仅解决了创业者的办公场地等硬件问题，同时衍生了除联合办公之外的 3W 其他创业者服务。目前，3W COFFICE 已经在北京、上海、广州、深圳、杭州、武汉、厦门、福州、成都、重庆、温州、西安等 12 个城市落地，同时由 3W 集团主办的 2017 年企业服务创新大会也在全国各地陆续巡回中。各地空间作为一站式企业服务生态平台的线下入口，将打造从线上到线下，从传播推广、企业培训到人才招聘的企业服务新模式。
科技寺	2013 年 9 月	科技寺（TechTemple）自 2013 年成立以来秉承“让创业更有力量”的使命专注打造亚洲最大、最活跃、独具国际化的创业生态。通过旗下的科技寺空间（TechTemple）、企业服务（TechTemple Program）、科技摇（TechRock）、媒体资讯（e27），布局众创空间、企业服务、跨国交流活动、大型科技峰会、中英文科技媒体与数据。2016 年 6 月，科技寺与美国 WeWork 签署战略合作协议，成为 WeWork 在亚洲首家创业生态合作方。双方联手吸引大量优质创业团队入驻，成为中国企业赴海外发展及外国企业进入中国市场的据点。

来源：根据清科研究中心研究报告和创新平台对外公开信息整理。

模式四：媒体依托型

媒体类创新型孵化平台是指依托自身庞大的媒介平台，以为创业者提供多维度宣传为亮点，凭借对创业环境以及科技型企业的长期跟踪报道而积累的经验对创业者提供扶持帮助。现阶段较成功的有创业邦旗下孵化器 BangCamp 和 36 氪旗下孵化器氪空间等。他们通过成熟的媒体平台为创业项目在极短的时间内造势，吸引眼球，扩大用户群；对接各路投资人，形成线上至线下的一种约谈及投资的模式。

表 2-4 “媒体依托型”典型孵化平台

名 称	成立时间	概 述
创业邦孵化器	2012 年	DEMO SPACE 是创业邦旗下实体创新孵化空间，集创业邦媒体、活动、投资、导师、社群等资源优势，为初创企业提供优质办公空间和全面孵化加速服务。空间内一线创投机构长驻，定期为创业者提供产品打磨、商业模式梳理、融资演练、推广分析、领导力沙盘等系统实战培训。2016 年，创业邦孵化器已在北京、上海等 10 个城市开放。同时也将在硅谷、以色列等海外城市布局。
氪空间	2014 年	氪空间孵化器是中国领先的科技新媒体 36 氪旗下的创业孵化器。氪空间重新定义了孵化器，是创业团队完成第一轮融资的地方。氪空间为初创阶段的团队提供三个月的办公场所和行政服务，不收取任何费用，不占用股份。全球顶级资本机构每周都在氪空间寻求投资机会。
今日头条创作空间	2016 年 1 月	今日头条创作空间是今日头条旗下的内容创业孵化器，也是国内首个针对内容创业者的孵化器。2016 年 1 月初启动以来，目前已经完成两期项目孵化，累计孵化项目超过 50 个，包括娱乐资本论、新世相、不上班 TV、深夜八卦、硅谷密探、创业最前线、壹心理、财视传媒等众多知名内容。创业项目都是今日头条创作空间的校友。

来源：根据清科研究中心研究报告和创新平台对外公开信息整理。

模式五：新型地产型

新型地产类孵化平台诞生的时间不长，主导机构一般都为大型地产商，模式较单一，靠出租办公位并且提供共享办公设备、网络以及出租办公空间为盈利模式。从地产商的角度出发，当下产业地产过剩严重已然是业内人士的一大压力，因此房地产开发企业被地产严重供过于求而拖累，不得不转型探索新模式，而在国家大力鼓励创新创业的政策下，地产商背景的孵化平台仍处于摸索阶段。

表2－5 “新型地产型”典型孵化器

名　称	成立时间	概　述
SOHO 3Q	2015年	SOHO 3Q提供了一个现代化的共享办公空间，与现有的传统办公室不同，它是移动时代的办公。IT技术、移动互联网的飞速发展，让移动办公成为可能，人们可以自由选择办公时间和空间，办公变得更加灵活。在SOHO 3Q，你可以只租一个星期或一个月，只租一张办公桌或一间办公室；你可以随时随地用手机预约、付款，享用WiFi、复印打印、咖啡等服务，只需要带着手机和电脑来工作。
优客工场	2015年	优客是共享办公和孵化过后的加速器。优客空间的核心竞争力是服务，包括人力、财务、法务、政策咨询乃至对接银行、天使投资，倚靠这些服务产生效益，服务购买会成为共享办公里面非常重要的收费来源。截至2017年4月，优客工场布局海内外20个城市78个场地，已聚集了1490余家怀揣梦想的企业，将近3万名会员在平台上工作。
无界空间	2015年2月	无界空间隶属于合作共创（北京）办公服务有限公司，江湖人称“别人家的办公室”。是以线下的联合办公空间为载体，为有办公需求的创业团队、企业、个人等提供工作及生活、社交等全方面服务的线上线下社区。无界空间是已通过科技部备案的国家级众创空间。

来源：根据清科研究中心研究报告和创新平台对外公开信息整理。

模式六：垂直产业型

产业技术平台模式指针对某一产业进行定向孵化，提供现有先进产业技术，同时提供孵化基金帮助特定领域创业者将技术落地，产业化发展。该类孵化平台一般由政府、产业协会或行业相关领军人物主导，招揽特定行业创业者，同样依托庞大的人脉以及行业资源提供除资金和技术以外的增值服务。典型的有天府软件园创业场、深圳创新谷等孵化基地。

表2-6 “垂直产业型”典型孵化平台

名　称	成立时间	概　述
天府软件园创业场	2007年9月	天府软件园已囊括科技部认定的“国家级科技企业孵化器”及“创新人才培养示范基地”，国家人力资源和社会保障部认定的“国家级创业孵化示范基地”，工信部认定的“国家中小企业公共服务示范平台”，团中央认定的“中国大学生创业园（成都）”，成为四川省内唯一获得科技部、工信部、人社部、团中央都认定的创业孵化园区。目前已建立了创业“苗圃－孵化器－加速器－产业园”一整套完善的创业孵化体系，并形成了包括政策扶持、服务式办公、创业大讲堂、创业社区以及创业投资平台等全方位多层次的服务体系，助推创业团队快速成长。
深圳创新谷	2012年6月	创新谷是中国最活跃的互联网孵化器之一，总部位于深圳。2012年6月，由中国最知名的投资人龚虹嘉与互联网行业知名创业家与投资家朱波、周鸿祎、薛蛮子、李竹、包凡、陈宏、俞永福等人共同发起成立。目前，创新谷已在中国辅导孵化项目累计3000个，在全球投资项目逾百家，连续获评国家级孵化器。
智汇蓝海互联网品牌孵化基地	2016年1月	智汇蓝海互联网品牌孵化基地是济南市政府、济南高新区倾力背书，由中国最大的互联网时尚品牌运营集团——韩都衣舍电商集团专业运营的赋能型孵化基地，致力于为处在各发展阶段的互联网品牌创业团队提供量身定制、全覆盖式的综合创业服务，通过完整的服务链条及全方位的创投支持打造完整的互联网品牌生态孵化体系。

来源：根据清科研究中心研究报告和创新平台对外公开信息整理。

“我再给大家讲个身边的例子。广东深圳的3W咖啡，大家可能都有所耳闻吧，中央电视台还曾经报道过。可能大家都会想，咖啡馆不就是休闲、喝咖啡的地方么，跟创业、投资、融资有什么关联？实际上，这家‘3W咖啡’是一家创业咖啡馆，也就是刚才提到的第三类——开放空间型众创空间。开咖啡馆的人是不靠咖啡赚钱的，只是希望通过咖啡‘交友’，获得新的投资机会；喝咖啡的人也不是冲着咖啡来的，而是借助咖啡馆用作办公场地，寻求投资、交友和创业的机会。这样的咖啡馆，近些年在北京、上海、深圳、广州等大城市十分流行，现在在中国的二三线城市也逐渐多了起来。”于军说道，“咖啡的价格定得也比较低，就是为了草根创业者着想。草根创业者初期的资金困难，每一毛钱都要精打细算。所以，在咖啡馆办公，绝对不能因为高昂的价格把创业者阻拦在门外。相比较在外面租写字楼的成本，在创业咖啡馆创业的成本要小很多。”

当专家讲到这儿的时候，周围许多创业者的眼神无不迸发出闪闪“亮光”，就像看到胜利的曙光。而此时张云心里在想，这种创业咖啡的模式不就是在学习美国的创业模式嘛，为那些草根阶层创造更好的创业环境和氛围。虽然不是很适合自己，但还是禁不住在心里为祖国支持创新创业的这种改进点了个大大的赞。

二、政府引导基金

近年来，政府引导基金成为各级政府支持产业升级和创业创新的重要工具，呈现井喷发展之势，不仅中央层面设立了国家科技成果转化引导基金、国家新兴产业创业投资引导基金、国家中小企业发展基金、先进制造业产业投资基金等大型引导基金，各级地方政府也纷纷设立了引导基金，设立主体由省级逐渐延伸至市级和区级，设立区域从东部沿海扩展至中西部。作为财政投入方式的一种创新，政府引导基金本质上是通过财政投入引导社会资金，聚合专业化人才和先进管理要素，发挥政府资源和市场资源各自的优势，服务于政策性目标。

（一）什么是政府引导基金

所谓“政府引导基金”，即政府投资基金，是指各级政府通过预算安排，以单独出资或与社会资本共同出资，采用股权投资等市场化方式，引导社会各类资本投资经济社会发展的重点领域和薄弱环节，支持相关产业和领域发展的资金。

这种财政资金安排不同于以往财政专项资金的直接支持方式，属于间接性的财政支持，将消耗性的财政资金投放变成财政资金的循环利用，可以不断积累投放；由于与社会资本合作，政府财政资金在使用过程中得到放大，通过杠杆作用为支持目标提供更为广泛有效的持续支持，提高公共资源的配置效率。

投中数据终端 CVSource 显示，截至 2016 年 12 月底，国内共成立 901 支政府引导基金，基金规模达 23960.60 亿元，其中，2016 年新设立的政府引导基金为 121 只，基金规模 2126.13 亿元。2016 年，政府引导基金延续强劲发展的势头。在国家层面，继 2015 年推出国家新兴产业创业投资引导基金和国家中小企业发展基金后，2016 年中央财政又推出了先进制造业产业投资基金，支持制造强国建设，这些基金的规模都高达数百亿元。在地方层面，地方政府纷纷把设立政府引导型产业基金作为支持产业发展和财税改革的重要载体，例如：广东省财政设立了省级重大科技专项创业投资引导基金；上海市设立了国内首个专注于天使投资发展的政府引导基金——上海市天使投资引导基金；江苏省政府投资基金作为省级母基金，联合市级政府和金融机构设立了无锡太湖浦发股权投资基金、中德产业发展基金、江海联动产业基金等特色优势产业发展基金。

为规范政府引导基金的设立、运作、风险控制、预算管理等工作，财政部于 2015 年 11 月发布了《政府投资基金暂行管理办法》，12 月又发布了《关于财政资金注资政府投资基金支持产业发展的指导意见》，明确政府投资基金坚持政府引导、市场化运作、专业化管理的原则运行，指出引导基金原则上委托市场化基金管理公司管理，合理确定财政向社会出资人的让利措施。同时，财政资金控股的引导基金纳入公共财政考核评价体系，财政资金注资但不控股的引导基金，按照公共性原则考核评价财政出资。可以预计，未来几年，在财政专项资金管理改革、加强财政与金融机构合作、支持实体经济发展等因素的推动下，政府引导基金在中央和地方财政实践中的应用将越来越广泛，并得以不断规范化发展。

（二）运作方式及特点

市场化运作和专业化管理是政府引导基金健康发展的基本要求，政府引导基金从设立到日常管理、投资运作再到退出的全生命周期中，需要与多种类型的金融服务机构展开密切合作。

从实践来看，政府引导基金通常采取委托专业化机构管理的方式。例如，上海市天使投资引导基金的管理机构是上海创业接力科技金融集团有限公司，广东省重大科技专项创业投资引导基金的管理机构是广东省粤科金融集团，国家开发投资公司则是先进制造产业投资基金的管理机构，等等。在投资运作阶段，引导基金的投资运作包括参股设立子基金、跟进投资、风险补助或补偿、融资担保、绩效奖励等方式，相应的合作机构包括股权投资基金、风险投资基金、天使投资基金、政策性银行、商业银行、担保机构等。而且根据财政部规定，政府引导基金应选择在中国境内的商业银行进行托管。因此，政府引导基金的发展为各种类型金融服务机构提供了诸多的业务空间和机遇，为金融业参与创新驱动发展战略、推动产业升级提供了合作平台。

除了市场化运作和专业化管理，政府引导基金还具有政策性目标的突出特色，它注重支持创新创业、产业转型升级等政策性目标的实现程度，不以追求资金收益率为目的，不会与社会资本争利，而且为实现政策性目标，更好地发挥政府出资的引导作用，引导基金在实践运作中通常存在适当让利的具体安排。例如，广东省重大科技专项创业投资引导基金规定财政资金全部让利，按照3∶3∶4的比例，将财政资金所属收益分别让利给引导基金管理机构、子基金管理机构和社会出资人。与政府引导基金合作不仅可以降低资金成本，还可以借助政府平台获得更多的资源，金融业非常看重政府引导基金的这种突出优势，开始不断争取与引导基金的合作。据投中研究院调研，目前政府引导基金已成为我国私募股权投资市场上最受欢迎的一类有限合伙人（LP）。

（三）申报条件及流程

能够获得政府引导基金的企业，不但获得了政府配套资金的支持，而且受益于政府基金的信誉，更便于从资本市场和其他资金渠道融资。不同级别和地区的政府引导基金对申请企业的资质有不同要求，这里以“国家中小企业创新基金”为例对相关申报要求进行介绍。①

1. 申报项目必须符合的条件

（1）符合国家产业、技术政策，技术含量高，创新性较强。

（2）必须是以生产、销售和盈利为目的，产品有明确的市场需求和较强的市场竞争力，可以产生较好的经济效益和社会效益。

2. 申报项目的企业需符合的条件

（1）具有独立企业法人资格，成立期限在5年以内。

（2）拥有一定数量的自主知识产权的核心技术，至少拥有一个实用新型专利（如专利证书、软件著作权登记证书、技术合同等）。

（3）大专以上学历的科技人员占职工总数的比例≥30%。

（4）直接从事研发的科技人员占职工总数的比例≥10%。

（5）每年用于技术产品研发的经费占当年营业收入的比例≥5%。

（6）注册的实收货币资本≥30万元。

（7）职工人数≤500人。

（8）年营业收入≤5000万元。

（9）企业从事高新技术产品的研制、开发、生产和服务业务，如电子信息技术、生物与新医药技术、新材料技术、高技术服务业、新能源及节能技术、资源与环境技术、高新技术改造传统产业等领域。

（10）企业自筹资金不低于申报项目的新增研究开发费用总额的60%，并已足额到位（提供当期银行对账单和专项用于该项目的研究开

---

① “国家中小企业创新基金”对申请企业的资质要求较高，地方政府的引导基金准入门槛会相应降低。

发的承诺函）。

3. 项目申报材料

（1）企业基本资料：企业简介，企业章程，开户银行及账号，企业法人营业执照（现三证合一），验资报告及相关会计证件（会计师事务所营业执照），法人代表身份证复印件及其最高学历证明。

（2）经济能力证明材料：最近一个月的财务报表；最近2个财务年度的会计报表和相应的审计报告（包括资产负债表、现金流量表、损益表、报表附注）；相关会计证件，如会计师事务所营业执照、执业证书、注册会计师证书、会计师年检登记。

（3）技术创新及转化能力证明材料：知识产权证明文件如软件著作权证书、专利证书，对申请当中的知识产权提供专利受理通知书、技术合同等；企业产品介绍，包含产品照片；企业销售或订货合同；其他证明文件，如技术报告、查新报告、鉴定证书、检测报告、用户使用报告、环保证明等。

4. 办理流程

（1）申报项目的企业注册。

（2）在网上填写申报材料。

（3）向服务机构提交项目申报材料。

（4）服务机构审查后向推荐单位提交项目申报材料。

（5）推荐单位组织评审。

（6）推荐单位确定立项后会同同级财政部门推荐申报项目。

（7）基金管理委员会组织评审，确定立项。

三、股权众筹

股权众筹是众筹的重要形式之一，是指融资方以出让一定比例股份的形式，面向多个投资者进行融资，而投资者通过出资入股公司，最终以股份变现或者分红的方式获得未来收益的互联网金融平台模式。对于中小企业来说，股权众筹是目前解决融资难问题的较好方式。企业作为融资方，广大投资者可以通过众筹平台来审核这家企业，当然众筹平台会以自己的专业能力对企业基本的可信度进行详细的核查，有足够信誉的企业才可以进行融资。

2016 年，我国股权众筹行业迎来快速发展。据不完全统计，截至 2016 年 12 月 31 日，我国正常运营的众筹平台至少有 427 家，在正常运营的 427 家平台中，奖励众筹平台最多，达 222 家，涉及股权众筹业务的有 117 家，混合型平台兼有两种类型及以上的平台则有 70 家，公益众筹平台仅有 18 家。在融资额方面，数据显示，2016 年，全国众筹行业预期筹资额共 677.84 亿元。其中，奖励众筹筹资额最多，为 355.98 亿元，占 52.52%；其次是非公开股权众筹，达 278.82 亿元，占比 41.13%；公益众筹预期筹资额最少，仅为 43.04 亿元，占 6.35%。与 2015 年全国正常运营众筹平台数量 283 家相比，涨幅达 50.88%，是 2014 年全年正常运营平台数量的近 3 倍。

近年来，股权众筹行业政策暖风频送，市场得以快速发展。2015 年 7 月，中国人民银行等十部委联合发布了《关于促进互联网金融健康发展的指导意见》。这也是互联网金融第一次被主管监管机构以正式文件的形式予以明确，它的落地对于股权众筹乃至互联网金融行业的发展意义重大。《关于促进互联网金融健康发展的指导意见》明确了股权众筹融资的定位，即为多层次资本市场有机组成部分。将股权众筹融资平台纳入资本市场范畴，就意味着要有完善的制度安排及监管方式。2015 年 12 月 23 日，国务院常务会议通过了《关于进一步显著提高直接融资比重、优化金融结构的实施意见》，明确了 2016 年发展资本市场的 5 项重点工作，开展股权众筹融资试点就是其中一项。随着 2016 年发展股权众筹融资试点的落地，行业迎来了规范发展期，大众股权众筹时代的大幕也已拉开，对于创业企业融资来说是个重大利好。

延伸阅读2-2

快递龙头企业顺丰速运首次股权融资案例分析

2013年8月20日，民营快递龙头企业顺丰速运宣布了其成立20年来的首次股权融资：中信资本、元禾控股、招商局集团及古玉资本组成财团共同投资顺丰速运不超过25%的股份，成为顺丰的新股东。

近年来，随着国民经济的持续稳定增长及经济结构的转型，我国快递行业发展迅猛，特别是电子商务的快速发展，为快递行业带来新的业务增长点。电子商务的爆发式增长给快递行业带来发展新机遇，快递龙头企业上市传闻不断等一系列因素促使VC/PE加速入股快递企业，行业融资、上市的消息不断传出。在融资方面，除顺丰速运之外，全峰快递、中通速递先后宣布融资方案；在上市方面，除中国邮政速递（EMS）外，圆通速递、宅急送、中通速递、韵达快递等多家快递企业也在低调酝酿上市计划。与此同时，中国快递行业的兼并重组呈现加速趋势：一方面，行业前列的快递企业通过兼并重组扩大自己的业务和网络范围；另一方面，其他行业的部分龙头企业通过并购方式将业务拓展到快递行业。

在多项利好政策出台的大背景下，被视为互联网金融第三波浪潮的众筹行业开始快速发展，各种形式、不同规模的众筹项目已经渗透到生活的方方面面。不容忽视的是，由于众筹行业本身的特性，众筹带来快速便捷和高收益的同时，也带来了高风险，众筹项目失败的案例也屡见不鲜。

延伸阅读2-3

美微传媒股权众筹失败案例分析

“美微会员卡在线直营店”的创办者是美微传媒的创始人朱江。朱江在淘宝平台的店铺上告知所有消费者，每一个买家都可以购买店铺推出的相应金额的会员卡，凡是购买了会员卡的买家都可得到美微传媒的100股原始股份。该消息一经发出，就引发了一阵抢购热潮。2012年10月的第一轮融资中，美微传媒共募集到了481名客户的38.77万元；2013年1月的第二轮融资中，美微传媒又募集到了710名客户的81.6万元。事实上，美微传媒采用的股权制众筹已经明显越过了相关法律划定的红线，不过当时朱江并没有意识到问题的严重性。

当美微传媒的网络私募迅速发展时，一篇名为《众筹还是非法集资？淘宝网上售卖原始股被指违法》的文章将美微传媒和朱江推向了风口浪尖，很多人开始认识到这是非法集资。2013年2月5日，阿里巴巴对外宣称淘宝平台不准许公开募股，查封了美微传媒的淘宝店铺，禁止其继续在淘宝平台上募股。随后，证监会也约谈了朱江，宣布该融资行为不合规，责令美微传媒向所有购买凭证的投资者全额退款。无奈之下，美微传媒不得不向所有买家归还了前期获投的所有资金。

可以说，美微传媒这一事件是我国出现众筹模式以来的第一例也是非常著名的股权众筹融资案例。虽然它最后折戟沉沙，并没有成功，但依然对未来的股权制众筹发展起到了很好的推动作用。

四、风险投资

风险投资是指由风险投资者提供风险资本，风险投资公司以风险企业为投资对象进行投资、管理、运作的一种融资过程与方式。风险投资是高科技产业的助推剂，它在高科技产业化的关键时刻切入，填补了高科技产业化过程中研究与开发阶段的政府拨款或企业（个人）自筹与工业化大生产阶段的银行贷款之间的空白，使高科技产业化的各个环节由于有了资金的承诺而成为可能，在促进高科技产业的发展方面发挥了重要的作用。

（一）风险投资的市场主体

风险投资的市场主体包括四种：投资者、风险投资公司、风险企业和政府。

投资者是风险投资的资金来源，主要由个人和以下机构组成：公司养老（退休）基金、公众养老（退休）基金、慈善机构（捐赠基金）、一般基金、银行控股公司、富裕家庭和个人、保险公司、投资银行、非银行公司、国外资金和其他投资者。

风险投资公司是具体运作风险资金的组织机构。由于风险投资的专业性很强，风险投资机构的人员（即风险投资家）往往都是全方位、高素质人才。

风险企业是风险投资领域最基本的主体，主要是指从事高科技产业的中小型企业和具有专业知识的企业家。

政府也可以作为风险投资业的投资主体，主要通过政府财政开支或通过发行政府债券的形式形成高科技产业基金——风险投资基金，组建风险投资公司，直接参与到风险投资中去。

（二）风险投资的运作流程

通常风险投资交易始于风险投资公司对商业计划书的筛选，终于风险资金的退出。具体可分下列几个程序：

1. *初次筛选*（initial screening）

在初次筛选时投资专家通常只看执行总结或商业计划书的执行总结部分，感兴趣时他们才会花时间看完整个商业计划书，或要求创业者提供完整的商业计划书。

2. 项目审议（due diligence）

风险投资公司将感兴趣的商业计划书提交给其投资小组进行初步审议。通过了初步审议，风险投资通常会建立一个项目评估小组，对项目进一步全面审议。他们会向申请风险融资的企业要求更全面的企业背景资料，通常包括法律和财务方面的合同、详细财务报告、资产清单、知识产权方面的文件等。

3. 项目谈判（negotiation）

风险投资公司的项目评估小组下一步将与企业的管理层或创业者就有关问题进行谈判。涉及的主要问题通常包括投资形式、未来融资、资金使用、股本结构、股权转化价格、股权注册权限、其他股东的义务、上市相关事宜、董事会组成、核心人员招募、财务状况披露、股份购买协议、交易达成的前提条件、排他性、交易费用等。

4. 交易完成（deal close）

风险投资公司将与投资企业或创业者签署有关的法律文件，同时涉及对企业的现有章程进行修改，并须报有关部门批准和备案等。从初次筛选到交易完成通常需要 90 ~ 150 天。

5. 项目跟踪（monitoring）

风险投资公司的一名合伙人或投资专家将参与所投资企业的董事会，跟踪项目的实施、商业计划的执行情况、经营管理情况等，同时帮助企业制定有关的商业策略、进一步融资计划，提供一切必要的支持。这种跟踪和帮助直至风险资金退出投资的企业。

6. 风险资金的退出（exit）

风险资金到一定的时间必须退出，通常为 5 ~ 7 年甚至 10 年。风险资金通过退出来实现资本增值的价值。退出的途径主要有上市、被并购、资本重组、被企业回购等。

知识链接 2–4

中国风险投资的发展历程

1985 年 3 月，中共中央发布的《关于科学技术体制改革的决定》指出：“对于变化迅速、风险较大的高技术开发工作，可以设立风险投资给予支持。”这一决定使得我国高技术风险投资的发展有了政策上的依据和保证。同年 9 月，国务院正式批准成立了我国第一家风险投资公司——中国新技术风险投资公司，标志着中国风险投资事业的创立。

风险投资早期在我国投资的企业几乎都是互联网企业，新浪、搜狐、阿里巴巴等互联网企业都是在这一时期得到风险投资的青睐。但目前新一轮 VC 投资潮开始热衷于传统项目，教育培训、餐饮连锁、清洁技术、汽车后市场等都是投资热点。传统行业一旦形成连锁品牌，很容易形成整体效应，而且像餐饮连锁、连锁酒店等行业在中国市场前景广阔，成长性很好且回报非常稳定，受到风投青睐理所当然。随着中国经济持续稳定地高速增长和资本市场的逐步完善，中国的资本市场在最近几年呈现出强劲的增长态势，投资中国市场的高回报率使中国成为全球资本关注的战略要地。

延伸阅读 2–5

携程借助风投创业案例分析

1999 年春节后的一天中午，一顿再平常不过的午餐，成就了沈南鹏、梁建章、季琦三人的商业帝国，赋予了沈南鹏“携程之父”的美名。

沈南鹏，耶鲁 MBA 出身，时任德意志银行中国资本市场主管，多年的工作经历让他具有相当的融资能力和宏观决策能力。梁建章，曾在甲骨文公司做过研发工作，技术背景深厚。季琦，有丰富的创业经验，擅长交际，对管理、销售都有一套。对互联网经济的一致认可，让三人聊得格外投缘。沈南鹏冷静地分析道："互联网给创业者带来千载难逢的机会，但这机会不是仅仅在技术和商业模式上面。"就这样，通过互联网实现对传统旅游产业的改造，一下子激发了三人心中创业的火花。

携程创始之时，沈南鹏等四人共投资了 200 万元。不过靠这点资金，携程不可能得到快速的发展。沈南鹏便去和 IDG（美国国际数据集团，International Data Group）接触，在他的努力下，携程成立才 3 个月便得到了 IDG 第一笔 50 万美元的风险投资。

2000 年 3 月，携程吸引到了以软银集团为首的 450 万美元的第二轮融资；11 月，引来了美国凯雷集团（THE CARLYLE GROUP）1100 万美元的第三轮融资。携程网三轮融资共计吸纳海外风险投资近 1800 万美元。这些融资为携程带来了巨大收益，在一年的时间里，携程发展了 2000 多家签约酒店。2001 年订房交易额达到 5 亿元，2002 年交易量甚至翻了一番，成为国内最大的宾馆分销商。

2002 年 4 月，携程收购了有名的散客票务公司——北京海岸，从而奠定了携程机票预订的基础。结合互联网的优势，沈南鹏将原来的票据业务放到了网上，这一转变再次获得成功。时至今日，客房预订和机票订购仍是携程的主要收入来源。

携程的根基已经扎稳，下一步的问题是怎样把它做大。在资本市场沉浸多年的沈南鹏自然而然想到了上市融资，而目的地则瞄准了纳斯达克。美国东部纽约时间 2003 年 12 月 9 日上午 10:45 分，携程旅行网在美国纽约纳斯达克股票交易所正式挂牌交易，沈南鹏带领携程成功登陆纳斯达克。上市首日，开盘价24美元，随即爬高到37.35美元，最后收盘价为33.94美元，涨幅达88.6%，创下了3年内纳斯达克市场IPO首日股价涨幅纪录。

五、私募股权投资

私募股权投资是指通过私募形式对非上市企业进行的权益性投资，在交易实施过程中附带考虑了将来的退出机制。私募股权投资的资金来源，既可以向社会不特定公众募集，也可以采取非公开发行方式，向有风险辨别和承受能力的机构或个人募集资金。

其投资运作流程主要包括三个步骤：一是项目选择和可行性核查，二是投资方案设计，第三步则是退出投资。退出机制包括上市、股权出让、股票回购、卖出期权等方式。

（一）私募股权投资基金的参与主体

私募股权投资基金是联系投资者和引资企业的桥梁。为了实现自有资本的增值，投资者有两种可以选择的途径：一种是直接向引资企业投资；另一种是先把资金投入专业的中介组织，再由中介组织对引资企业投资，最后分享中介组织的投资收益。第一种途径所涉法律关系相对简单，投资者直接与企业建立股权或债权关系；第二种途径涉及的法律关系比较复杂，相关的参与主体包括引资企业、基金投资者、基金管理人、各种中介服务机构等。

1. 引资企业

通过私募股权基金融资的企业在规模和融资原因等方面可能显著不同，但是它们通常有一个共同的特点：难以在企业债券市场和股票市场上公开募集资金，也无法从银行那里获得贷款。

企业的融资渠道往往随着自身发展的推进、固定资产的增加以及信用记录的改善而拓宽，但无论这些企业处于发展的哪个阶段、规模有多大、融资的具体目的是什么，私募股权投资基金都是企业成长、重组、改制、脱困的重要备选融资方式。

2. 基金投资者

从国外经验来看，私募股权投资基金的投资者主要是各类机构投资者，少数富有家庭和个人也是私募股权基金的资金来源。绝大多数机构投资者投资于私募股权资本都出于财务原因的考虑，它们期望通过投资私募股权资本来得到风险调节收益（risk adjusted return），即通过投资多样化来平衡其他投资，以达到资产收益最大化的目的。银行控股公司、投资银行、非财务公司选择投资于私募股权资本是为了达到范围经济（scope economies）的目的。

3. 基金管理人

私募股权基金管理人作为专业投资管理机构，是实现“集合投资，专家理财”功能的核心，其在私募股权基金的发起设立、管理运营和投资退出中都发挥着重要作用。基金管理人的成员通常是有特定行业投资经验的专业人士，他们凭借敏锐的眼光，经过调查和研究，将基金资金投资于若干引资企业的股权，以求在日后退出时取得最佳的投资收益。全球最著名的四大私募股权基金管理机构分别是黑石集团（Blackstone Group）、凯雷集团（Carlyle Group）、KKR 和得州太平洋（Texas Pacific Group）。

4. 中介服务机构

各类中介服务机构是联系投资者和管理人的桥梁，对私募股权市场的意义重大。私募股权基金无须注册登记，市场主体可得到的关于它们的公开数据十分有限。此外，一些私募股权基金管理企业和被投资企业本身并未上市，它们不会将自身财务状况公之于众，而且私募股权市场本来就是一个相对神秘的市场，市场自身在一定程度上阻隔了部分信息和数据的流通。可是任何私募股权市场的分析和决策都需要一系列成熟可靠的信息和数据，这些都造成了私募股权市场对真实可靠信息的依赖，也使得大批中介机构和信息咨询者成为私募股权市场中举足轻重的成员。

（二）私募股权基金运作流程

对于需要融资的企业来说，首先要做好各项准备工作。企业向私募股权融资的准备工作包括八个步骤。

1. 签署协议

企业家如果选择引入私募投资，首先应寻找一家投资银行（或融资顾问），与银行签订服务协议。这份协议包括投资银行为企业获得私募股权融资所提供的整体服务。

2. 组建团队

在与投资银行签订服务协议之后，融资企业和投资银行组建专职团队，准备相关的私募股权融资材料。

3. 材料准备

私募股权融资需要的材料主要包括：私募股权融资备忘录，即公司的简介、结构、产品、业务、市场分析、竞争者分析等；历史财务数据，即企业过去三年经过审计的财务报告；财务预测，即在融资资金顺利到位后企业未来三年的销售收入以及净利润的增长。

4. 目标估值

在准备好材料之后，企业应在投资银行的帮助下为企业设立一个目标估值，即企业愿意让出多少股份来换多少资金。而一般企业私募股权融资所出让的股份不超过25%，尽量减少股份的稀释，以保证企业管理层掌握企业的控制权。

5. 与私募股权投资机构接触

在确定出让的股份之后，投资银行就会开始和相关私募股权投资机构的合伙人开电话会议沟通，介绍公司的情况。

6. 具体商谈

投资银行会把企业的融资材料同时发送给多家私募股权投资机构，

并且与其就该项目的融资事宜进行详细讨论。而这个阶段的主要目标就是使最优秀的私募股权投资机构能对企业产生兴趣。

7. 回答问题

通常，投资银行会替企业回答私募股权投资机构提出的第一轮问题，并且代替企业对这些私募股权投资机构进行密集的沟通。目的是确定哪一家投资机构对企业最有兴趣，哪一家投资机构会给出最高的估值，哪一家投资机构有相关行业投资的经验，能够帮助公司成功上市。

8. 选择投资者

经过几轮的接触，企业和投资银行已经大致了解哪些私募股权投资机构对企业最有兴趣，此时，投资银行会辅助企业选择几家最合适的私募股权投资机构。这些私募股权投资机构对企业所在的行业非常熟悉，对公司的发展会起到很大的助力，能够帮助企业成功上市。

延伸阅读2-6

快乐工场获私募股权投资案例分析

快乐工场（Joy Works）2014年1月宣布完成A轮千万级人民币融资，投资方为麦顿投资（Milestone Capital）。这是中国漫画产业首获外资巨头青睐。

麦顿投资是在中国最早从事股权投资业务的外资私募股权管理机构之一。麦顿投资的投资重点集中在消费和移动互联网领域。麦顿投资表示，漫画创作在动漫领域内居于基础地位，因此看好该领域的未来。快乐工场创办于2011年，是中国最大的网络文学漫画制作与发行商，致力于做中国文化产业的先行者。快乐工场拥有强大的漫画产品创作、研发团队以及丰富的海内外客户合作经验，在漫画作品的制作、发行，漫画衍生产品的研发、制造、销售方面都具有相当的实力和优势。由快乐工场创作的《神印王座》《召唤万岁》《龙墓》《凡人修仙传》等优秀漫画作品多次获奖。

据了解，快乐工场已经与国内前五大网络文学网站达成合作协议，签约的网络文学作品超过100部，每月同时创作的漫画作品超过30部，同时代理发行的漫画作品超过300部；已有多部漫画作品在国内漫画刊物及互联网、移动互联网上线。快乐工场创始人兼CEO曾龙文先生表示，本轮融资完成后，快乐工场将在漫画产品创新、编辑团队建设和完善发行渠道三个方面加大投入力度。

听完于军专家的详细介绍，张云感觉自己学到的东西又多了很多。原来听赵兵说过股权融资方面的事，这次再仔细听听于军专家讲的，对初创期企业的股权融资有了更深层次的理解，对如何操作、如何防范风险等等也有了新认识。张云心想：这次没白来，又是一次充电的机会，也许很快就能派上用场了。

六、保险业务实例

"保险是风险管理的重要内容，是转移风险、辅助产业发展的重要手段。"当大家还在消化于军讲的证券方面的知识时，主持人已经将话筒递给了保险公司的张健。张健指出，随着我国创业投资实践的不断深入，创业投资保险制度是创业投资金融保障体系的重要内容，大力推进创业投资保险制度构建具有重要作用。在创业初期，自然灾害、意外事故等原因会造成人伤财损，也会导致创业的失败，而保险公司的许多业务可以为企业保驾护航。李华以人保财险公司为例，通过几个案例简要介绍了几种常见的保险品种。

案例1

人保财险雇主责任险与社保工伤保险是替代与补充的关系，未投保工伤保险的，雇主责任险是雇主转嫁自身风险的最好的商业替代险；已投保工伤保险的，雇主责任险可以为工伤保险提供有效的补充，使雇主获得更全面的保障。

【案情】某建筑公司李老板为员工购买了工伤保险，又给所有人投保了一份每人20万元的雇主责任险作为补充，加大了企业对员工的保障力度。保险期内员工小王施工时不幸被高空落下的石材砸中身亡。小王家属提出了70万元的赔偿请求。后来，工伤保险总计赔付48万元，人保财险雇主责任险赔偿20万元，总计赔偿68万元了结此案，基本满足了家属的赔偿请求。

【分析】如果李老板不投保雇主责任险作为补充，仅工伤保险赔偿是不足以满足死者家属的赔偿请求的。投保雇主责任险，可以有效化解雇主的赔偿风险，最大限度保障雇主的权益和雇员的利益。

知识链接 2-7

雇主责任险

【保障内容】雇主责任险保障的是被保险人的雇员因从事保险单载明的业务工作而遭受意外，导致雇员负伤、残疾或死亡，依法应由被保险人承担的经济赔偿责任，保险人按照本保险合同约定负责赔偿。

【适用范围】凡依法设立的企事业单位、国家机关、社会团体及其他组织，有雇工的个体工商户，均可作为本保险合同的被保险人。

【保险责任】在保险期间内，被保险人的雇员因从事保险单载明的业务工作而遭受意外，导致负伤、残疾或死亡，依法应由被保险人承担的经济赔偿责任，保险人按照本保险合同约定负责赔偿。

案例 2

企业投保人保财险安全生产责任险，可以化解因生产安全事故造成的从业人员或第三者死亡、残疾赔偿责任，帮助企业恢复正常经营。

【案情】2013 年 5 月，济南某公司发生特别重大爆炸事故，通过 DNA 鉴定死亡 33 人，受伤 19 人。人保财险闻讯后立即赶赴现场，当日支付预付赔款 600 万元。该案最终赔付金额为 1380 万元，而人保财险收取安责险保费仅为 4 万元。

【分析】爆炸事件后，人保财险根据企业的要求安排救援、清理服务，帮助企业迅速恢复了生产。

知识链接 2-8

安全生产责任险

【保障内容】安全生产责任险保障的是企业在安全生产事故中从业人员或第三者的死亡、伤残赔偿责任。每人死亡赔偿限额为山东省城镇居民上一年度人均可支配收入的 20 倍，每次事故责任限额为累计责任限额的 2/3，具体以保险单载明为准。

第三者死亡责任各项赔偿限额为从业人员死亡责任各项赔偿限额的一半，具体以保险单载明为准。

【适用范围】凡依法成立的各类生产经营单位均可投保本保险，均可作为本保险合同的被保险人。

【保险责任】在保险期间内，被保险人在生产经营场所内依法从事生产经营活动中，因生产安全事故造成从业人员或第三者死亡，根据中华人民共和国（不包括港、澳、台地区）法律，被保险人应承担的从业人员及第三者死亡赔偿金的经济赔偿责任，保险人依据本保险合同的约定，在责任限额内负责赔偿。

案例3

企业通过投保团体意外伤害保险保障企业所有员工的人身安全。

【案情】山东某科技有限公司位于罗庄工业园内，主要建设生产优质热轧无缝钢管生产线。2012年12月该企业在人保财险投保了团体意外伤害保险，保险金额为2.05亿元，用以保障员工风险。

2013年3月，某员工在维修设备时被电机挤伤右臂，四级伤残，获赔17.2万元；2013年12月，某员工在厂区内工作时摔伤肋骨，获赔医疗费用15036元；2014年1月，该公司一员工骑自行车与一火车相撞，造成当场死亡，人保财险赔付30万元；2014年10月，某员工在工作时被重物砸伤右脚，获赔36399元；2015年1月份某员工干活时被钢管挤伤右手中指，获赔医疗费用9125元；2015年4月份某员工上班时挤伤左手，获赔医疗费用8439元。截至2016年2月份，人保财险共计赔付70万余元。

【分析】生产制造型企业容易发生各种意外事故，如没有相关保险公司提供保障，企业将面临较大的工伤等费用支出。团体人身意外伤害保险针对企业全体员工，保费低、保障范围全，不仅能为企业员工提供意外伤害保障，更可为企业的生产经营保驾护航。

知识链接2-9

团体人身意外伤害保险

【适用范围】年龄在10周岁至65周岁、身体健康、能正常工作或正常生活的投保团体中的成员或其家庭成员可作为本保险合同的被保险人。经保险人同意，并在保险合同中约定，被保险人身体健康的配偶（65周岁以下）、子女（指未满18周岁的子女，在全日制学校就读者可放宽至23周岁）和父母（65周岁以下）可作为本保险合同的被保险人，但需该部分人员书面同意。

【保险责任】在保险期间内被保险人遭受意外伤害，并因该意外伤害导致身故、残疾的，保险人依照约定给付保险金，且给付各项保险金之和不超过该被保险人的保险金额。

案例 4

企业未投保公路货物运输保险，货损后损失无法补偿，后续经营艰难。

【案情】货主王先生委托物流公司将价值120万元的机械设备从济南运输到广州，运输途中运输车辆发生火灾，导致机械设备全部报废。由于事前王先生和物流公司均未投保相关的货运险，损失无法得到及时弥补，后续经营艰难。

【分析】长途运输面临的不可预知因素较多，安全风险较高。尤其在运输价值较高的货物时，一旦发生意外，损失将非常惨重。而通过购买相应保险，可以花费较少的资金得到全面的保障。

知识链接 2–10

国内公路货运险

【适用范围】凡非经投保人与保险人特别约定，并在保险单（凭证）上载明，不在保险标的范围以内在国内经公路运输的货物均可为本保险之标的。

【保险责任】火灾、爆炸、雷电、冰雹、暴风、暴雨、洪水、海啸、地陷、崖崩、突发性滑坡、泥石流等自然灾害造成的损失；由于运输工具发生碰撞、倾覆，或隧道、码头坍塌，或在驳运过程中因驳运工具遭受搁浅、触礁、沉没、碰撞等意外事故造成的损失；在装货、卸货或转载时因意外事故造成的损失；因碰撞、挤压而造成货物破碎、弯曲、凹瘪、折断、开裂的损失；因包装破裂致使货物散失的损失；液体货物因受碰撞或挤压致使所用容器（包括封口）损坏而渗漏的损失，或用液体保藏的货物因液体渗漏而造成该货物腐烂变质的损失；符合安全运输规定而遭受雨淋所致的损失；在发生上述灾害事故时，因纷乱造成货物的散失以及因施救或保护货物所支付的直接合理的费用。

【保险期限】保险责任自签发保险凭证后，保险货物运离起运地发货人的最后一个仓库或储存处所时起，至该保险凭证上注明的目的地的收货人在当地的第一个仓库或储存处所时终止。但保险货物运抵目的地后，如果收货人未及时提货，则保险责任的终止期最多延长至保险货物卸离运输工具后的十五天为限。

活动结束后，张云回到自己的办公室，心想：其实在美国的时候，创业者就会经常聚在一起，举办各种沙龙，相互交流。对创业者来说，无论当前是否碰到了问题，这种交流还是很有必要的。自公司进驻以来，高新区创业服务中心不仅定期与企业进行交流，还不定期举办各种类型的沙龙，对创业者进行培训。像这种根据企业发展特点和阶段组织开展活动的做法，还是非常成熟且行之有效的。地方政府的创业服务越来越成熟，想得周到，做得也很周到，服务一点也不比国外差。刚想到这儿，只听有人敲门，财务部门的小张露出半个脑袋，张云知道财务上还有很多事儿等着处理呢，又赶紧投身到公司的具体事务中去了。

第三章 “发展阶段”融资经

就这样，在张云及其团队的悉心经营下，公司的产品很快打开了销路，销售收入实现了“零”的突破，市场口碑也逐渐树立起来。随后的一段时间，公司连续接到了几个订单。随着销售形势的好转，企业的现金流越来越紧张。随着市场的进一步开拓，现金紧张的局面将会进一步加剧。因此，张云决定联系一下老同学赵兵，再请他来出个点子。对于一个企业家来说，经营企业必须做到未雨绸缪。

接到张云的电话，赵兵向张云了解了大致的情况，立马联系了JS银行，给支行信贷部经理说明了张云公司的基本情况和资金需求，请他们派个客户经理跟自己过去对接一下。第二天下午，赵兵和JS银行的客户经理小周如约来到了公司，而张云及其团队，还有负责财务的几名工作人员，早已经在会议室恭候。寒暄过后，张云向小周介绍了一下公司现在的大致情况。小周当即表示，张云的情况达到了JS银行的信贷门槛，非常乐意为公司提供融资等金融服务。张云也借此机会，向小周请教了关于信贷业务的基本概念、业务种类和基本要素等知识。

知识链接 3-1

信贷业务基本概念

1. 信贷的含义

信贷是货币持有者将约定数额的资金按约定的利率暂时借出，借款者在约定期限内按约定的条件还本付息的信用活动。信贷有广义和狭义之分。广义的信贷是指以银行为中介、以存贷为主体的信用活动的总称，包括存款、贷款和结算业务。狭义的信贷是银行利用自身实力和信誉为客户提供资金融通或代客户承担债务，并以客户支付利息、费用和偿还本金或最终承担债务为条件的一种经营行为。

2. 信贷业务的种类

按会计核算的归属划分，可分为表内和表外信贷业务。表内信贷业务主要包括贷款、商业汇票贴现等，表外信贷业务主要包括商业汇票的承兑、保证、信用证等。

按期限划分，可分为短期信贷业务、中期信贷业务和长期信贷业务。短期期限在1年以内（含1年），中期期限在1年到5年之间（含5年），长期期限在5年以上。

按担保方式划分，可分为信用信贷业务、担保信贷业务（包括保证、抵押和质押方式）。

按币种划分，可分为本币信贷业务和外币信贷业务。

按性质和用途划分，可分为固定资产贷款（包括基本建设贷款、技术改造贷款、房地产开发贷款等）、流动资金贷款（包括工商业和建筑业等流动资金贷款）、循环额度贷款、消费贷款、保证、承兑等信贷品种。

按贷款的组织形式划分，可分为普通贷款、联合贷款和银团贷款。

按贷款的资金来源划分，可分为信贷资金贷款、委托贷款和境外筹资转贷款等。

按授信对象划分，可分为公司类信贷业务和个人类信贷业务。

一、“供应贷”助力小微企业

听完小周的介绍，张云说：“当前公司在资金上面临着困境，公司在经营过程中与下游企业常有6个月到1年的账期，账期的存在对公司构成了很大的资金压力，公司各方面业务发展受到制约，采购成本不断上升。”听到这，客户经理小周推荐张云办理小企业“供应贷”产品，并向张云讲解了“供应贷”的办理条件及流程。简单地说，“供应贷”就是以公司的应收账款作为质押的贷款业务。张云听了之后非常高兴，这简直是为他量身打造的一款产品啊，立刻要求工作人员协助办理这项业务。客户经理小周也不敢耽搁，立马收集“供应贷”付款人准入资料，并到公司进行业务阐述和沟通。根据“供应贷”要求，客户需开立回款专用账户，JS银行及时安排人员帮助公司开立回款专用账户。为确定贷款额度，客户经理也核对确认了应收账款。以上手续办理完毕后，JS银行安排人员一方面协助整理贷款需要的基础材料，另一方面到下游客户处协调应收账款回执确认盖章。经过紧张的准备，客户经理以最短的时间收集齐全贷款所需要的资料，之后又加班加点，用不到3天的时间为张云办理并发放了“供应贷”流动资金贷款100多万元。

贷款发放进一步满足了企业的资金需求，缓解了企业资金困局，支持了小微企业的发展。但这只是合作的新起点，并非终点。企业不仅仅需要资金，更需要利用银行的各项资源为其提供全面的金融服务。为此，JS银行一是安排客户经理定期到公司进行走访，了解其业务发展、财务变化、当前订单以及在下游客户挂账情况、资金需求等情况，根据了解的情况，帮助其合理安排资金，避免资源浪费；二是帮助企业进一步规范财务报表，详细讲解融资知识、有关财务管理要求，及时核对应收账款，确保资金安全；三是为企业讲解并提供高级版企业网银、一户通、结算卡等结算工具产品，提高该企业业务办理的便利性，做到足不出户办理银行业务，节省人力成本和不必要的麻烦；四是利用政策做好费用减免，网银使用费减半征收，所有结算费用征收全部按照最低标准执行。企业在得到高品质服务的同时，费用做到了最少。

JS银行提供的一系列服务让张云非常感动，他由衷感慨："公司不仅获得了资金支持，同时也获得了全方位的金融服务，企业发展得到规范，呈现出前所未有的活力。""供应贷"发放后，张云明显感觉到资金紧张情况得到了缓解，企业资金周转加速，订单也敢接了，订单越来越多，实现了产销两旺的良好局面。

知识链接 3-2

"供应贷"业务

1. 产品简介

小微企业"供应贷"业务，是指JS银行为特定优质客户的上游供应商——小微企业办理的，并以两者之间具有真实交易且无争议的应收账款作为质押的贷款业务。

2. 适用对象

经国家工商行政管理机关核准登记的小型和微型企业，划分标准按照JS银行现行的小企业客户认定标准执行。

3. 贷款用途

"供应贷"业务的信贷资金仅用于企业生产经营资金周转，不得用于股市和证券投资以及其他权益性投资或国家有关法律、法规和规章禁止的其他投资行为（包括但不限于高利贷、非法集资等）。

4. 贷款金额

单户贷款金额最高为1000万元（含）。

5. 担保要求

应收账款质押，包括单笔或多笔应收账款质押以及应收账款池质押。

“供应贷”业务隶属于供应链融资产品体系。为进一步丰富小微企业供应链融资产品体系，更好地满足小微企业融资需求，不断提升小微企业金融服务能力，JS银行研究开发了小微企业“供应贷”产品。“供应贷”具有交易连续性、资金封闭性及贸易自偿性等特点。一方面，将资金有效注入处于相对弱势的上游配套企业，解决企业融资难和供应链失衡的问题；另一方面，将银行信用融入上游企业的购销行为，促进与付款人建立长期战略协同关系，实现“物流”“资金流”和“信息流”的结合，降低供应链融资的成本和风险。

“供应贷”业务不仅以小微企业应收账款为质押物，进一步解决小微企业资产轻抵押难而造成的担保问题，同时还对贷款500万元以下采用评分卡业务流程，业务办理效率得到极大提升。评分卡流程对客户经营情况、财务情况、信用情况采用直接打分，不必提供和分析报表，流程与普通信贷业务相比效率提升了50%，体现了方便快捷的特点，很好地解决了小微企业资金需求短、频、急的特点。同时，“供应贷”业务也很好地解决了小微企业担保难、流程烦琐的问题，提升了对小微企业的支持力度，产品一经推出就得到客户的高度认可和欢迎。

二、大数据产品引来“金凤凰”

随着市场的进一步开拓，公司原有的生产能力更加有限，公司迫切需要扩大生产能力，建设新的厂房，但在资金周转上又遇到了新的困难。张云明白，目前公司并没有银行认可的抵质押物，而他们对贷款的需求金额不大但是时间上比较急迫，希望尽快得到100万元左右的贷款支持。JS银行的客户经理小周了解到张云的需求以后，根据客户纳税较多且需要贷款较为急迫的情况提出可以为其办理大数据产品“税易贷”100万元。客户经理小周为张云及财务人员讲解了JS银行独有的大数据产品的优势，以客户的大数据为基础来分析客户信用度，只要是符合准入条件的客户就可以免除担保和抵押，而且大数据产品的另一个优势是不需要进行评级授信，准入后可以直接单笔放款，方便、快捷。张云听后非常高兴，表示要立刻办理该项业务。小周迅速为企业申报“税易贷”的材料，很快就将材料上报至审批，并以最快的速度将100万元贷款发放到位。

知识链接 3-4

小企业“五贷一透”金融服务方案

特色的小企业“五贷一透”融资种类，均为纯信用贷款业务。五贷包括善融贷、信用贷、税易贷、POS贷、创业贷，一透为“结算透”。

小微企业“善融贷”业务是JS银行对结算稳定并形成一定资金沉淀的小微企业发放的，用于短期生产经营周转的可循环的人民币信用贷款业务。

税易贷是对按时足额纳税的小微企业发放的，用于短期生产经营周转的可循环的人民币信用贷款业务；单户贷款额度最高可达200万元。

POS贷是依据小微企业特约商户收单交易情况发放的信用贷款，单户最高额度为200万元。

小微企业“创业贷”业务是JS银行对“有业、有责、有信”的小微企业发放的，用于短期生产经营周转的可循环的人民币信用贷款业务。

小微企业“信用贷”一般业务，是JS银行在综合评价企业及企业主信用的基础上，对资信好的小型微型企业发放的小额、用于短期生产经营周转的人民币信用贷款业务。

小微企业“结算透”业务，是JS银行依据企业的交易结算记录，对结算频繁并形成一定资金沉淀的小微企业发放的人民币小额透支业务。

表3-1 “五贷一透”金融服务方案

类别	信用贷	善融贷	创业贷	税易贷	POS贷	结算透
适用对象	JS银行私人银行客户，专业市场（综合市场）、核心大企业上下游、工业园区中信誉良好的小微企业，在JS银行有持续稳定结算业务的小微企业，能够获得政府鼓励扶持或贷款贴息、有发展潜力的初创期小微企业	经国家工商行政管理机关核准登记的小微企业，重点支持在JS银行结算稳定的小额无贷户	“有业、有责、有信”的小微企业客户，创业期的小微企业客户	优质纳税小微企业	POS收单商户小微企业客户	在JS银行开立结算账户的小微企业
贷款额度	一般客户单户贷款金额不超过200万元；企业主为私人银行客户的，最高不超过1000万元	贷款额度最高为200万元（含），在贷款额度有效期内随借随还、循环使用	贷款额度最高为100万元，在贷款额度有效期内随借随还、循环使用	贷款额度最高不超过人民币300万元	贷款额度最高不超过人民币200万元	透支额度最高为50万元，在额度有效期内循环使用
贷款期限	贷款期限最长为9个月（含）	循环额度有效期最长1年（含），在核定的有效期内可随时申请支用	循环额度有效期最长1年（含），在核定的有效期内借款人可随时申请支用	最长不超过1年	最长不超过1年	透支额度有效期最长1年（含），在核定的有效期内可随时申请支用。首次办理业务的最长持续透支期限为60天（含），正常使用业务一年后最长持续透支期限可达90天（含）

（续表）

类别	信用贷	善融贷	创业贷	税易贷	POS 贷	结算透
担保条件	无须担保，纯信用贷款	无须担保，纯信用贷款	无须担保，纯信用贷款	企业主及配偶提供连带责任保证	企业主及配偶提供连带责任保证	无须担保，信用透支
产品特点	纯信用贷款	面向 JS 银行结算客户，纯信用、无担保 主动提供授信额度	助推创业企业成长	纳税信用贷款	根据 POS 交易情况发放信用贷款	多渠道应用，可以通过企业网银、ATM 机、POS 机、柜面等渠道，实现多渠道的支用和还款。触发式的贷款支用，当账户支付金额超过透支账户的存款余额时，自动触发透支

三、“助保贷”“贷”出新未来

像张云开办的这种科技型中小企业，一旦产品被市场认可，发展速度往往非常快，但资金问题也接踵而至。公司扩大生产后对资金的需求不断增加，原有的信贷产品已经不能满足企业的资金需求，但想要从银行贷出 300 万元非常困难。没有资金，手里的订单也就没有办法落实，看着“煮熟的鸭子”就要飞了，张云就像热锅上的蚂蚁，急得团团转。这时，张云的老同学给张云支了个招：用专业担保公司担保的方式贷款。张云和某担保公司接洽后算了算账，认为担保公司贷款资金成本超过了他的预期。正当张云一筹莫展之际，送上门的好事来了：JS 银行主动上门来营销“助保贷”。客户经理小周解释道，“助保贷”是 JS 银行与政府有关部门共同建立的增信融资平台，是专为满足小微企业融资需求而推出的一款新产品。凡申请助保贷的小微企业，需要缴纳一定额度的助保金，政府财政再提供一定数量的风险补偿铺底资金，JS银行贷款按到位风险铺底资金的一定倍数放大。通过政府、银行、企业三方合作，打造了主要基于“资金池”防范风险、带动批量化营销的全新小企业信贷模式。企业经营久了，张云变得更加“精打细算”了，只见他又掰着指头算起了账：“用助保贷，企业融资的时间效率上去了，成本下来了，‘助保贷’真是我们小微企业成长的利器，衷心地感谢JS银行推出这么好的产品，我给这个产品起了个别名——小微企业的贴心贷。”

知识链接 3-5

“助保贷”业务

1. 产品定义

小微企业“助保贷”业务，是指JS银行向“小微企业池”中的企业发放，在企业提供一定担保的基础上，由企业缴纳一定比例的助保金和政府提供的风险补偿资金共同作为增信手段的信贷业务。

“小微企业池”是指由政府助保金管理机构和JS银行共同认定，缴纳助保金后办理“助保贷”业务的优质小微企业群体。

“助保金”是指由“小微企业池”中的企业按其在JS银行获得贷款额度的规定比例自愿缴纳的资金，用于先行代偿该池中所有企业逾期的贷款（缴纳比率与政府助保金业务管理机构商定，原则上办理贷款时，企业每年按不低于实际获得贷款额的2%缴纳助保金）。

助保金池由企业缴纳的助保金和政府风险补偿铺底资金组成，由政府财政部门投入部分资金作为助保金池铺底资金，铺底资金额度一般不低于JS银行预计当年办理“助保贷”业务量的10%；助保金管理机构在JS银行开设专户存放助保金和政府风险补偿铺底资金，其中企业助保金由JS银行代收。

2. 基本条件

（1）借款企业为小微企业助保贷“目标客户库”名录客户，“目标客户库”企业可由助保金管理机构和JS银行双方各自推荐，经共同审查通过后进入名录，作为“助保贷”业务潜在目标客户；

（2）借款企业应满足在JS银行办理信贷业务的基本要求，采用评分卡评分分数为60分（含）以上，或JS银行信用等级为A级（含）以上；

（3）符合当地区域产业发展战略和扶持政策，符合JS银行行业信贷政策；

（4）人民银行征信报告中显示企业不存在未结清不良贷款、已结清不良贷款及欠息等不良信用记录；

（5）企业在其他第三方征信渠道中无不良信用记录（第三方征信渠道由各分行结合当地情况确定）；

（6）客户在JS银行开设基本结算账户或承诺结算占比在80%以上，同意办理“助保贷”满足其融资需求，并愿意配合JS银行开展“助保贷”业务；

（7）无参与高利贷行为，无购买期货等高风险经营行为，且其实际控制人（及其配偶）无涉黑、参与高利贷等违法行为。

3. 贷款用途

“助保贷”业务信贷资金仅用于生产经营周转，可办理流动资金贷款、银行承兑汇票、法人账户透支、贸易融资等信贷业务，不得用于房地产开发。

4. 贷款额度

采取评分卡评分的企业“助保贷”额度最高不超过500万元（含）；采取小企业客户信用评级办法进行评级的企业，贷款额度最高不超过2000万元（含）。

5. 贷款期限

贷款期限最长不超过1年。

6. 担保方式

除企业缴纳助保金和政府风险补偿金外，贷款企业须提供不低于贷款额度40%的、符合JS银行要求的抵（质）押或保证；贷款企业法定代表人、实际控制人或主要股东须同时承担连带保证责任。过去，地方政府专项支持小微企业的财政资金，多以贴息等形式发放，资金总量有限，而中小企业基数庞大，财政资金总是杯水车薪、捉襟见肘。而在“助保贷”模式下，既通过杠杆率做大了“蛋糕”，而且有效降低了小微企业的融资成本，为地方政府解决小微企业融资难问题提供了一条崭新的出路。

“助保贷”模式充分利用了企业和政府的优势，实现了信用信息的充分挖掘和多层筛选。“重点中小企业池”中的企业具有相同的地缘文化背景和比较类似的成长经历，相互间都非常了解，信息透明度非常高。入池要求对其他入围企业先于银行一步进行筛选，这种筛选充分利用了银行所不掌握的软信息。而且“重点中小企业池”中的企业也会互相加强监督，发挥横向约束的作用。入围企业都需经过政府部门的推荐和审核，这些部门掌握了大量银行所不掌握的水、电等经营信息，而且政府部门对企业的政策风险有更好的把控能力。这些渠道都使银行较为容易地收集和掌握企业更加全面的信息，提高了信息的对称性，降低了信贷投放的“逆向选择”风险。“助保贷”的最大特点是企业借助政府增信平台，入池之后只需交贷款额度4%的助保金，贷款到期后，若池内企业没有发生风险事故，助保金如数退还给企业，这在很大程度上降低了对企业的担保要求，从而降低了企业的融资成本。“助保贷”的成功在于：组织增信实现了金融机构金融优势与政府部门组织优势、政治优势的有效结合。这种内化规则类的非正式制度在经济交往中能够发挥积极作用，充分发挥组织增信优势，有利于促进诚实守信美德的建立。

通过一系列高效务实的措施，JS银行小微企业“助保贷”树立起了良好的品牌形象，成为小微企业称赞的好产品，走出了一条政府、银行、小微企业共赢的发展之路。该业务具有以下四大优势：

（1）门槛低。以政府铺底资金作为诚信平台，可以放大10～15倍为小微企业投放贷款，即1000万元铺底资金可以投放贷款1亿～1.5亿元。企业只需提供贷款金额40%的抵质押或保证，并缴存一定比例的助保金，即可获得相当于抵质押物价值2.5倍的贷款额度，有效缓解了小微企业融资难、融资贵的问题。

（2）见效快。“助保贷”采取批量化运作模式，由政府组建助保金管理机构与银行共同筛选成长性优质企业，一改过去一对一的贷款投放模式，能为多家企业迅速提供信贷支持。

（3）政策优。JS银行为“助保贷”设置了专门的绿色通道，在信贷政策、客户准入、贷款规模等方面对“助保贷”业务给予优先支持，即使在信贷规模较紧张的情况下，也能够足额保障“助保贷”业务规模。

（4）流程短。与传统业务相比，该产品的业务流程更加快捷简便，500万元（含）以下贷款可采用评分卡评价方式。

四、地方法人银行支持创业企业实例

某日下午，张云正在处理公司事务，突然想起来前几日创业服务中心来通知说要在中心大楼的会议室举办金融支持企业发展的经验交流会，算算日子好像就是今天，张云顿时拍了下自己的脑门，忙得竟然把这事给忘了。尝到了融资甜头的张云不愿意错过任何一个了解融资业务的机会。“迟到总比不到好”，想到这，他赶紧驱车赶往创业服务中心。等张云赶到会议室的时候，QL 银行的工作人员正在介绍他们支持创业企业的做法和实例。

案例 1

通过整合采购支付流程支持农民创业

“中药三大宝，人参、鹿茸和阿胶。”提起中药，人们首先想到的是这三宝，而谈及阿胶人们首先想到阿胶发祥地东阿。近年来，东阿阿胶价格一路上涨，东阿黑驴价格也水涨船高。“养一头驴相当于种一亩地，一头驴就相当于一个小银行。”黑驴养殖成为东阿当地农户致富新途径。

为促进黑驴产业发展，东阿当地政府出台多项扶持政策，当地村民也跃跃欲试。虽然村民参与热情很高，但钱从哪里来却成了难题。众所周知，养殖行业风险大，养殖户大部分又没有有形资产，多数银行都不愿意为养殖户贷款。缺乏启动资金成为摆在农户养殖黑驴创业路上的一道坎。

作为一家以“服务中小企业、服务城镇居民、服务地方经济”为市场定位的本地银行，QL 银行了解到这一情况后，积极创新信贷服务模式，联合当地政府、阿胶集团共同打造出黑驴养殖专项贷款——生态养殖贷。

具体操作方式：养殖户委托毛驴受托采购方采购驴驹，待养殖毛驴达到合同约定的要求时，由收购方进行收购；QL 银行负责为养殖方提供贷款支持，毛驴收购方将收购价款直接支付给 QL 银行。如此便形成了一个由银行、采购方、养殖户、收购方共同组成的封闭循环系统，既解决了养殖户没有抵押物难以贷款的问题，又大大降低了银行的风险。

给力“金融LV”业务一经推出，便受到了当地农户的欢迎。目前QL银行东阿支行已为当地14名养殖户提供了2000多万元贷款支持，小毛驴为农户驮来了小金库，随着该项目的持续推进，更多的养殖户从中受益。

QL银行员工介绍说，“金融LV”实际上是一种订单融资。张云创办的科技型企业虽然没有办法直接用上面的模式进行融资，但如果张云公司有订单的话，也可以采用QL银行另一种融资模式——订单质押融资。订单融资是QL银行对作为卖方的企业法人持有订单进行综合评估，以订单项下的未来应收账款质押，向符合条件的申请人提供的订单专项融资业务。单笔融资额度应参照订单金额确定，最高不超过订单金额的70%。融资期限一般不超过1年，对于工程订单、大型设备订单等，融资期限可适当放宽，但最长不超过3年。

案例2

通过发放个人贷间接满足科技型初创企业融资

某自动化控制系统有限公司创始人赵先生曾为国内某科研院所人员，一直致力于自动化控制领域的研究，是省市两级人才计划入选者。目前该公司已成长为该省自动化控制领域的领军企业。

创业初期，随着业务的拓展和研发费用的增长，该公司资金捉襟见肘，但因企业属于轻资产行业，多次贷款被银行拒绝。就在这时，QL银行客户经理主动上门对接，告诉他QL银行支持高新技术或创新产业，开发了“科技精英贷”，专门针对各类人才计划入选者。赵先生作为省市两级人才计划入选者，最终获得了200万元的贷款支持，解决了科技型企业初创期融资难的问题。

该公司发展过程中始终坚持科技创新的路子，几年下来，先后获得

10 项发明专利、30 多项软件著作权。随着企业规模的不断扩大，流动资金的需求不断增长，企业为扩大市场占有率，急需500 万元流动资金。这时 QL 银行通过知识产权质押的方式为企业提供了 300 万元的流动资金贷款。又通过联合保险公司为企业增信，企业通过购买履约保证保险的方式又获得了银行200 万元的资金支持。

经过几年的发展，该公司凭借在自动化控制领域的先进解决方案，成为国内该领域的领头羊，并实现在新三板挂牌。挂牌后，该企业股权的流动性进一步增强，此时 QL 银行又为企业提供了新三板股权质押贷款，为企业进一步提供融资支持。

QL 银行介绍的这个案例给了张云很大的启发，以前一直以为贷款必须有抵押物或者保证人，没想到名誉也可以变现成贷款，知识产权也能变现，上了新三板还有另外的融资方式。张云决定回去以后好好梳理一下自己公司的知识产权，积极申报各种人才计划，以后如果有机会也在新三板挂牌上市。

张云自创立企业以来，一直非常重视企业信誉，不仅在银行贷款都及时归还，而且在生意伙伴那里也有很好的口碑。QL 银行工作人员向他介绍的济南××快餐店的融资案例，又让他看到了另外一条融资路。

案例 3

信用贷款助力小微企业发展

××快餐店是济南市一家特色餐饮公司。为进一步扩大规模，提升经营业绩，该公司欲从银行获得资金支持，但是企业的有效抵质押物不足，按常规来讲无法获得银行贷款。

面对这种情况，QL 银行对其进行了深入调查，在综合评价企业的实际经营发展情况及其法人代表的个人实力和人品口碑后，决定为其办理诚信贷将近500万元，无须企业提供任何抵押或担保。

诚信贷是向符合QL银行条件但无有效抵质押物的借款人发放的用于满足商品采购、生产经营等临时性资金需求的贷款业务。贷款对象为在QL银行经营地域范围内注册的优质企业。该业务无抵押、免担保，最高贷款额度可达500万元。

案例4

通过互助基金贷款为中小企业“输血”

作为被山东省科学技术厅认定的高新技术企业，××化工有限公司以生产循环水处理剂和金属镍催化剂等产品为主。该公司在创业初期对资金需求非常大，但由于固定资产少、有效担保物缺乏，从银行贷款很难。公司自从2010年迁入济阳后，QL银行工作人员积极为它寻找资金的解决办法，及时支持企业发展成长。2013年，该公司加入中小企业协会，在QL银行办理了互助基金贷款业务，在没有任何抵押的情况下，成功获得银行贷款200万元。正是银行信贷资金的及时介入，企业很快在当地站住了脚。目前，该公司已发展成为占地86亩、拥有资产近亿元的成熟企业。

小微企业互助基金贷款业务是符合QL银行条件的借款人签署小微企业互助基金会章程，并以互助基金的形式认缴部分资金，组成资金集合，并设立担保基金账户，为成员在QL银行贷款提供质押担保，单个成员可获得最高10倍于所缴纳基金的贷款业务。贷款用途主要为支持小微企业合法经营周转，不得以贷款资金从事股本权益性投资、股票、期货等投机经营活动或其他法律法规明确禁止的经营项目。单户贷款额度最高500万元，可一次申请、循环使用。授信期限最长24个月，单笔贷款期限最长12个月。

张云公司所在园区类似他这样的公司还有不少，听完这个案例他就在心里盘算着，回去以后也把大家召集起来，如果以后缺少资金了，通过组建互助基金的形式筹集资金，也不失为一个好的融资策略。

五、集融资与融物于一身的融资租赁业务

“济南春好爱新晴，楼外秋千柳外莺。仿佛江南金粉地，穿街只少卖花声。”4 月上旬的一个早晨，明媚的阳光透过宽大的有机玻璃洒满窗台，张云兴致勃勃地走向窗前，眺望着高楼间依稀可见的一抹春色，不禁想起清代诗人董元度描述济南春天的诗句来。这时，跟随张云一同回国创业的孙明走了过来，将张云的思绪从远方拉了回来。“老张，你看今天这天气多好啊，咱俩早点出发，走着去参加创业服务中心组织的融资租赁业务推介会。”孙明继续说，“早点到，说不定还能提前跟专家交流交流。我可听说，对于咱们这种类型的企业来说，融资租赁业务可能会给我们的销售带来意外的惊喜呢!”

孙明所说的这个融资租赁业务推介会，其实是高新区为了促进区内融资租赁行业快速发展，专门组织区内的融资租赁企业和有潜在需求的科技型企业进行的对接会，会议还邀请国内融资租赁行业协会的专家就国内外融资租赁行业的发展现状及未来趋势进行授课。作为新时代的创业者，张云、孙明可不想错过这种学习交流的机会，何况对于他们生产的环保设备来说，融资租赁业务也还真有可能帮到忙。到了会场他们才发现，即使提前到了半个小时，会议室前三排的位置也已经坐满了人，看来其他创业者对新知识的渴求，可一点不亚于张云、孙明他们呢。

一上午的时间很快就过去了，听完融资租赁企业和行业专家的介绍后，在回公司的路上，张云、孙明还对刚才的会议内容充满兴趣，专家们对融资租赁的基本情况、分类、发展历程尤其是经典案例的解读，给他们留下了深刻的印象。

所谓融资租赁，通常是指出租人根据承租人对租赁物件的特定要求和对供货人的选择，出资向供货人购买租赁物件，并租给承租人使用，承租人则分期向出租人支付租金，在租赁期内租赁物件的所有权为出租人所有，承租人拥有租赁物件的使用权。租期届满，租金支付完毕并且承租人根据融资租赁合同的规定履行完全部义务后，对租赁物的归属没有约定的或者约定不明的，可以协议补充；不能达成补充协议的，按照合同有关条款或者交易习惯确定；仍然不能确定的，租赁物件所有权归出租人所有。融资租赁是集融资与融物、贸易与技术更新于一体的新型金融产业。由于其融资与融物相结合的特点，出现问题时租赁公司可以回收、处置租赁物，在办理融资时对企业资信和担保的要求不高，非常适合中小企业。

融资租赁的业务种类繁多，常见的主要有简单融资租赁、回租融资租赁、杠杆融资租赁、委托融资租赁、项目融资租赁、经营性租赁等。

知识链接 3-6

融资租赁业务主要类别

1. 简单融资租赁

简单融资租赁是指由承租人选择需要购买的租赁物件，出租人通过对租赁项目进行风险评估后出租租赁物件给承租人使用。在整个租赁期间，承租人没有所有权但享有使用权，并负责维修和保养租赁物件；出租人对租赁物件的好坏不负任何责任，设备折旧在承租人一方。

2. 回租融资租赁

回租租赁是指设备的所有者先将设备按市场价格卖给出租人，然后又以租赁的方式租回原来设备的方式。回租租赁的优点在于：

一是承租人既拥有原来设备的使用权，又能获得一笔资金；二是由于所有权不归承租人，租赁期满后根据需要决定续租还是停租，从而提高了承租人对市场的应变能力；三是回租租赁后，使用权没有改变，承租人的设备操作人员、维修人员和技术管理人员对设备很熟悉，可以节省时间和培训费用。设备所有者可将出售设备的资金大部分用于其他投资，把资金用活，而少部分用于缴纳租金。回租租赁业务主要用于已使用过的设备。

3. 杠杆融资租赁

杠杆租赁的做法类似于银团贷款，是一种专门做大型租赁项目、有税收好处的融资租赁，主要由一家租赁公司牵头作为主干公司，为一个超大型的租赁项目融资。其做法：成立一个脱离租赁公司主体的操作机构——专为本项目成立的资金管理公司，提供项目总金额20%以上的资金，其余部分资金来源则主要是吸收银行和社会闲散游资，利用100%享受低税的好处。“以二博八”的杠杆方式，为租赁项目取得巨额资金。其余做法与融资租赁基本相同，只不过合同的复杂程度因涉及面广而随之增大。此法可享受税收好处、操作规范、综合效益好、租金回收安全、费用低，一般用于飞机、轮船、通信设备和大型成套设备的融资租赁。

4. 委托融资租赁

一种方式是拥有资金或设备的人委托非银行金融机构从事融资租赁，第一出租人同时是委托人，第二出租人同时是受托人。这种委托租赁的一大特点就是让没有租赁经营权的企业可以“借权”经营。电子商务租赁即依靠委托租赁作为商务租赁平台。另一种方式是出租人委托承租人或第三人购买租赁物，出租人根据合同支付货款，又称委托购买融资租赁。

5. 项目融资租赁

承租人以项目自身的财产和效益为保证，与出租人签订项目融资租赁合同，出租人对承租人项目以外的财产和收益无追索权，租金的收取也只能以项目的现金流量和效益来确定。出卖人（即租赁物品生产商）通过自己控股的租赁公司采取这种方式推销产品，扩大市场份额。通信设备、大型医疗设备、运输设备甚至高速公路经营权都可以采用这种方式。其他还包括返还式租赁（又称售后租回融资租赁）和融资转租赁（又称转融资租赁等）。

6. 经营性租赁

在融资租赁的基础上计算租金时留有超过10%以上的余值，租期结束时，承租人对租赁物件可以选择续租、退租或留购。出租人对租赁物件可以提供维修保养，也可以不提供，会计上由出租人对租赁物件提取折旧。

7. 国际融资转租赁

租赁公司从其他租赁公司融资租入的租赁物件，再转租给下一个承租人，这种业务方式叫融资转租赁，一般在国与国间进行。此时业务做法同简单融资租赁无太大区别。出租方从其他租赁公司租赁设备的业务过程是在金融机构间进行的，在实际操作过程中只是依据购货合同确定融资金额，在购买租赁物件的资金运行方面始终与最终承租人没直接的联系。做法上可以很灵活，有时租赁公司甚至直接将购货合同作为租赁资产签订转租赁合同。这种做法实际是租赁公司融通资金的一种方式，租赁公司作为第一承租人不是设备的最终用户，因此也不能提取租赁物件的折旧。转租赁的另一功能就是解决跨境租赁的法律和操作程序问题。

对于中国来说，融资租赁业务是改革开放政策的产物，起步较晚且经历了曲折的发展历程。但国家已经意识到它对经济发展的重要性，目前融资租赁业已处于行业发展的最好阶段。

表3－2　中国融资租赁发展简史

时　间	发展阶段	大事记
1981～1984年	起步阶段	改革开放初期外汇紧缺。为引入外资，在荣毅仁倡导下，1981年国内第一家租赁公司——中外合资的东方租赁有限公司成立，1984年环球租赁和外贸租赁成立。这个阶段租赁公司数量不多，经验缺乏，各方面条件都不具备，只做一些尝试性业务
1985～1988年	曲折发展阶段	1986～1987年融资租赁的队伍迅速扩大，中国人民银行注意到融资租赁的动向，开始介入融资租赁公司的管理和审批，国有的融资租赁公司开始陆续申报非银行金融机构，银行和信托投资公司也开始经营融资租赁业务 1988年租赁额发展到第一顶峰，下半年因经济过热国家紧缩银根，租赁的渗透率开始首次下滑。1989年国外停止给内资企业贷款，租赁额下滑
1990～1992年	业务猛增阶段	1990～1992年租赁额逐步上升，特别是1992年邓小平视察深圳后，租赁额和租赁渗透率均创历史新高。融资租赁行业在泡沫的冲击下，开始扭曲。合资租赁公司主要为所谓国内500强企业提供租赁服务，但租赁主要采用回租（贷款为主要特征）方式。内资租赁公司则把精力转向房地产和高息揽存业务，租赁额迅速回落
1993～1999年	业务萎缩阶段	1993年国家的会计体制进行重大改革，许多租赁的税收优惠政策被取消，加速了租赁行业的萎缩。1996年国家税制又给租赁行业在技术改造项目中开了加速折旧的口子，租赁业暂时止住了下滑的趋势。1997年国外一些IT产业的厂商悄然进入中国的融资租赁队伍，租赁物件开始向IT设备转移，国内的租赁公司也开始向电信行业进军。由于泡沫的后期影响，到1999年中国的融资租赁业几乎陷于停滞状态，租赁的渗透率回到了1984年以前的水平(0.26%)，而此时美国租赁的市场渗透率已是30%。1999年6月，为解决租赁行业的发展问题，中国人民银行召集国内租赁行业的专家、学者以及美国、日本和韩国的租赁专家聚在承德研讨租赁的困境、发展和出路

（续表）

时　间	发展阶段	大事记
2000～2006年	复苏阶段	2000年，融资租赁的法律、监管、财务、税收四大支柱，都出台了相应的政策条文，租赁的外部环境得到彻底改善。租赁公司的融资功能开始向中介和资产管理功能方向发展，现代租赁的特征在中国逐步显现。租赁公司也开始大分化、大改组，不务正业或资产不良的公司被淘汰。2001年是租赁公司的重组年，行业经过洗牌后将迎接创新租赁新的时代 2003年因为民营控股金融租赁公司的圈钱行为暴露，融资租赁再次陷入低谷。2004年，商务部批准第一批内资试点企业。2005年，商务部修改了审批门槛，中外合资融资租赁又成为主力军。2006年，银行准备入股金融租赁公司，两个不同机构的融资租赁公司都在扩大自己的队伍
2007年至今	快速发展阶段	2007年，全国13个城市发布地方法规，重点对服务和实物租赁市场进行规范。2008年，首批获批准的5家银行系金融租赁公司全部启动。2009年商务部将融资租赁公司的审批权下放到省一级商务主管部门。2011年，中国融资租赁交易规模高速增长，在全球的总规模排名由2008年的世界第8位跃居世界第2位。2012年，上海、北京、江苏等启动融资租赁"营改增"税收政策试点。2013年12月中旬，财政部、国家税务总局对售后回租等业务税收政策进行调整，使行业发展重现生机。2015年8月26日，国务院总理李克强主持召开国务院常务会议，确定加快融资租赁和金融租赁行业发展的措施，更好地服务实体经济。随着国家政策支持和市场空间的逐步打开，我国融资租赁行业步入快速发展的轨道

资料来源：编者根据中国融资租赁业务发展情况自行整理。

典型案例1

机电设备直租

电线电缆的应用面广，目前，中国已成为世界电力线缆生产的第三大国，并且每年以20%的速度增长。电缆设备作为一种成套设备，其制造技术具有工艺性强、专业面广、上下工序衔接紧密等特点。与国外企业相比，我国线缆设备制造技术仍然存在很大差距，主要表现在生产效率低、自动化程度不高、能耗较大、在线检测不全、可靠性差等，这些问题已经成为制约我国线缆设备行业发展的关键技术难题。

1. 承租人经营状况

德阳×××机电设备有限公司专业从事电线电缆成套设备研发和制造，是在原“东方电工”的大量机器设备以及优秀的技术人才基础上设立的，公司拥有专有技术并有自己的研发中心，多项技术获得专利，是国家科技部审批通过的“高新技术企业”，也是四川省电工专用设备行业唯一一家省级“企业技术中心”。公司2008年购地100亩，并于2010年修建了标准厂房、研发中心以及办公大楼等，各种硬件设施配套齐全，拥有近4000万元的生产设备；2011年，公司总资产达1.5亿，销售收入上亿元，净利润1000多万元。在德阳同行业中，年产值3000万元以上的企业有四五家，只有承租人公司能够提供从原材料到成品线缆制造的成套装备，其他几家只生产部分单机。公司所生产的铝合金系列市场占有率为80%，其他系列为10%。

2. 承租人的难题

公司拥有近4000万元的生产设备大都是原“东方电工”遗留下来的，购买时间较长，自动化程度不高。公司新建厂房后，急需购买一批自动化程度较高的机器设备来满足公司发展需要，设备金额为1119万元。由于刚修建了厂房和办公楼，资金非常紧张，公司没有足够的资金来购买设备，公司已通过土地和厂房以及部分设备抵押从银行贷款4000万元，再无抵押物，再从银行贷款基本不可能，公司的发展遇到了前所未有的困难。

3. 金控租赁为企业解决了困难，提供了良好的融资方案

与某设备中介商的沟通中了解到承租人目前有购买设备的需求，但由于资金紧张，不能全款支付，再通过与承租人进行沟通并进行实地了解，公司目前有订单、有技术、有人才、有厂房、有经验、缺设备，而这种情况恰好与金控租赁公司的设备融资租赁业务不谋而合，双方很快达成合作意向，金控租赁为承租人提供了以下融资方案：通过直接租赁的方案为其提供1119万元的设备租赁，其中客户首付20%，保证金10%，租赁期限为3年，每月支付租金，担保方式为关联公司担保以及实际控制人提供无限连带责任担保。

4. 融资租赁的优势

（1）承租人只需自筹30%，获得设备使用权和收益权，最终得到发展。由于该承租人刚建好厂房，没有足够的资金来全款购买设备，通过融资租赁这种方式，承租人只需花1/3的钱（自筹30%）获得100%的设备使用权和收益权，通过每月还租的方式（每月还款28.6万元），3年共付1009万元，三年后获得设备所有权，使公司得到正常发展。

（2）设备通用性强，无须设置抵押物。此次拟租赁设备均为机加工设备（主要为车床、铣床、铇床、镗床等），数控化程度高，通用性强，二手市场活跃，易处理。通过融资租赁方式，承租人无须再提供抵押物即可获得融资，与银行相比，大大降低了融资门槛。

（3）租赁公司通过拥有物权控制风险。由于此批设备为新购，租赁公司拥有设备所有权，并将设备租赁款直接付给设备厂商，按照采购合同进度付款，一方面保证了资金的用途只用于购买设备，另一方面保证了设备按时到位，从而保证了承租人的正常经营，也保证了正常还款。

综上，金控租赁公司对通用类设备以及直接租赁项目的操作模式，

切实解决了中小企业融资难的问题，使企业用少部分资金解决了大问题，并通过物权控制风险，最终使企业和金控租赁公司得到双赢。

典型案例2

环保设备租赁

四川省RL公司（以下简称“承租人”）是一家从事市政工程、公路工程施工建设的建筑工程公司，近年来发展迅速，在省内外多个公路项目中中标，现急需购置一套价值495万元的新沥青再生设备以满足施工需要。已中标的工程预期利润颇丰，且后期工程也在陆续投标中，从长远看，购置设备是公司长期发展的必然趋势。但就目前来看，一旦购置这套设备，将使公司流动资金陷入紧张，而建设中的工程还需要资金垫款。承租人首先想到了找银行融资来解决这笔设备资金，但限于企业规模、抵押物缺少等，银行并不愿意为该企业提供贷款。经咨询专业人士，承租人了解到可以以融资租赁方式来购置这套设备。

经过了解，承租人选择了××金控融资租赁有限公司（以下简称“金控租赁”）融资来购置这套设备。金控租赁业务人员经过调查，了解到承租人在业内有较好的信誉，且中标的工程多为市政工程，风险较低，需购入的沥青混合料再生成套设备主要用于厂拌热再生技术，在公路施工行业属于通用设备。因此，在金控租赁不需要承租人提供抵押物的前提下，双方确定了以下融资租赁方案：由承租人自行选择厂家和型号，确定设备总价495万元，承租人首付15%（74.25万元）给厂家，其余的85%（420.75万元）由金控租赁根据设备购买合同约定支付给厂家；租赁期内，设备所有权属于金控租赁公司，承租人使用该设备，按月向金控租赁支付租金；1年后租赁期满，设备所有权以残值1000元转移给承租人。最后，该承租人如期偿还了最后一笔租金，并顺利“无偿”获得了该设备所有权，双方完成了一次双赢的合作。承租人切实从该笔业务中体会到：融资租赁以租赁物为载体，接受的抵押物比银行宽泛，特别适合企业机械化装备需求。

这个案例具有鲜明的融资租赁业务特征，即租赁物为独立、可移动的行业通用设备，租赁期限较短，从融资额度来看属于小型项目。通过融资租赁，承租人初期投入少，实际上相当于“按揭”设备，但既获得了设备，投入工程后赚取了利润，又避免了需提供其他不动产抵押物方能融资的尴尬，顺利实现了融资，节约了流动资金，相比其他同规模同行业的企业更快地上了一个台阶。

在企业经营发展中，缺钱找银行已成为企业管理者固定的思维模式，而通过以上案例可以看出，融资租赁在企业特别是中小企业的发展中有着独特的优势和作用。银行未能给中小企业解决的问题，融资租赁恰好可以轻松地解决；承租人在银行吃了闭门羹，却在融资租赁获得了“雪中送炭”式的帮助。融资租赁不仅仅是银行信贷的补充，而且作为一种新的融资方式，将在经济生活中发挥着不可或缺的重要作用。

六、保险业务实例

正所谓朋友多了好办事。某个周末，“闲来无事”的赵兵又来到了张云的办公室。这次赵兵可不是一个人来闲聊的，他带来一个挚友——在保险业工作多年的资深人士吕经理。他记得上次跟张云聊天的时候，听张云说起对保险了解不深，想了解一些保险在创业融资中的作用，正好今天有时间，就带着吕经理一起来了。相互寒暄过后，吕经理便直入主题：受到我国现有融资平台的限制，部分创业者通过正规的银行机构获得自己发展所急需的资金难度较大，而信用保证保险为中小企业融资起到了增信保障作用；大力发展贷款保证保险和信用保险业务，着力强化中小企业的增信服务和信息服务，可以充分挖掘保险工具的增信作用，从而分散银行信贷风险，保障中小企业利益。为了方便张云更加直观地了解，吕经理特意拿出了准备好的几个现实例子。

案例 1

某农场主通过投保人保财险个人贷款保证保险，成功从银行获得融资，盘活了经营资产。

【案情】 张某某，2012 年注册了一家家庭农场，已投入 300 余万元。对于农户来说，上百万元已是天文数字，流动资金不足限制了农场的正常运转。如果通过银行贷款，因为涉农企业无抵押物，无法找企业担保，个人担保额度较低，达不到农场用款的要求，并且个人担保后会要求农场再给别人担保。在经济下行时期，这种方式是每个企业都不敢做的。

【融资】 通过人保财险提供的贷款保证保险，该家庭农场比较方便地获得了潍坊银行股份有限公司寿光支行 100 万元的贷款，不仅盘活了农场资金，而且消除了农场经营以外的其他琐碎事情，使它能够专心从事生产经营。

案例 2

某涉农养殖企业通过投保中小企业贷款保证保险，成功从银行获得融资，为企业发展注入活力。

【案情】 山东某专业合作社成立于 2009 年 9 月，是目前山东某市最大的农民养殖合作社。2010 年投资 3000 多万元新建设了占地 86.5 亩的无公害优质黑猪养殖基地，该项目实现销售收入 2000 万元。企业在高速发展的同时，也遇到了流动资金不足的压力。该合作社缺少抵押物，又不想跟其他企业进行互保，因为搞经营的企业只对自己的经营有了解、有信心，对其他行业和企业不熟悉、不了解，如果互保，必将增加本企业的或有负债。基于对这些情况的考虑，融资具有一定的难度。

【融资】在危难之时，合作社通过涉农及中小企业贷款保证保险前后顺利地融资600万元。有了资金支持，该企业开始了长足的发展，与中国农学院、中国农业大学和全国高科技农业循环产业发展中心确立了产学研关系，运用生态养殖技术，繁育出优质绿色生态黑猪肉。目前，合作社已与全福元、中百佳乐家、银座商城、世纪泰华等大型超市以及圣达医药各连锁店等签订了购销合同，并保持良好的供销关系，销量持续向好。

知识链接 3–7

个人/中小企业贷款保证保险

【适用范围】根据国家相关法律法规的规定，与贷款金融机构签订真实、合法、有效的借款合同（以下称“借款合同”）的企业（即借款合同中的借款人），可作为本保险合同的投保人。经国家监管部门批准开办企业贷款业务的贷款金融机构（即借款合同中的贷款人），可作为本保险合同的被保险人。

【保险责任】在保险期间内，投保人未能按照与被保险人签订的贷款合同的约定履行还款义务，且投保人拖欠任何一期欠款达到保险单约定的期限（以下称“赔款等待期”）以上的，视为保险事故发生。保险人对投保人应偿还而未偿还的贷款本金和相应的利息按照本保险合同的约定承担赔偿责任。

赔款等待期是指保险人为了确定保险损失已经发生，被保险人提出索赔前必须等待的一段时期。赔款等待期从贷款合同中约定的应付款日开始，由保险合同双方商定，并在保险单中载明。

【主要功能】贷款保证保险解决个人及中小企业前期资金投入问题。目前，在个人及中小企业前期资金投入环节存在着政府想发展但没有资金、银行有资金但不敢投放、个人及中小企业需要资金投入但无法得到的问题，其中的关键是缺少保险的参与。保险对银行的资金做出担保，这个问题就迎刃而解了。

案例 3

私营企业主通过投保人保财险助贷险，无抵押、无担保的情况下，短时间内获得银行个人贷款。

【案情】在东营东城居住的王先生，经营一家金属制品厂。年前完成了一批订单未及时回款，导致资金紧张，使他的新房无法按照预期在春天装修。

【融资】经人介绍，王先生来到某财险东营市分公司助贷险部，提供了办理业务所需的身份证、银行流水、居住证、营业执照等材料，并在业务人员的指导下填写了投保单等相关资料。当天，相关资料就提交到某财险助贷险总部审批；第三天，某财险通知王先生面签放款，流程走完后，10 万元贷款马上就到了王先生的账户上。三天拿到 10 万元贷款，像信用卡一样方便，王先生这次真正享受了一次轻松愉快的贷款体验。

知识链接 3-8

助贷险 （个人信用贷款保证保险）

【保障内容】个人信用贷款保证保险是指保险公司通过向个人客户提供贷款保证保险，从而帮助客户快速从指定银行获取无抵押小额贷款，当投保人不履行还款义务而导致银行损失时，保险公司负责赔偿的一种个人贷款类保证保险业务。

【适用范围】本保险适用于订立个人无抵押贷款合同（以下称“贷款合同”）的借款人和银行；凡根据国家监督管理部门贷款管理的

有关规定，与银行订立贷款合同，具有中国公民身份和完全民事行为能力的借款人，可作为本保险的投保人；凡经金融监督管理部门批准开办个人贷款业务的银行，可作为本保险的被保险人。实际操作中，只要是年龄在21～55岁之间，身体健康，有稳定工作，月收入2500元以上的本地居民，均可以在人保财险当地经营机构申请这一业务。

【保险责任】在保险期间，当超过贷款合同约定的应付款日或被保险人宣布的贷款提前到期日，投保人仍未履行或未完全履行在规定期间内的还款（或付息）义务，且超过保险单载明的期限（以下简称“赔款等待期”）的，视为保险事故发生。保险人对保险事故发生时投保人在所投保的贷款合同项下未偿还的全部贷款本金和相应的利息（含符合法律法规规定的罚息、复利）按照本保险合同的约定承担赔偿责任。

赔款等待期是指保险人为了确定保险损失已经发生，被保险人提出索赔前必须等待的一段时期。赔款等待期从贷款合同中约定的应付款日开始，由保险合同双方商定，并在保险单中载明。

【产品特点】(1) 投保人为个人：“个人”指债务人为具有民事行为能力的独立个人，区别于“企业”“家庭”。(2) 小额分散（均在4万元左右，一般为15万元以下）。(3) 纯信用类，不需要附加任何抵押、保证等风险缓释措施，所有资金回收的立足点为投保人个人的偿还能力。(4) 采用等额本息还款方式。(5) 快速审批，快速放贷，对时效性有非常严格的要求。从接触客户到贷款到账控制在一周左右，其中准备材料1天以内，审批2天以内，审批至出单5天以内。(6) 中短期贷款为主，最长不超过3年期。

听完吕经理的解释，张云对保险促进企业融资的作用更加清晰，也切实体会到国务院部署加快发展小微企业信用保险和个人消费贷款保证保险的用意，深感有保险的保驾护航，创业的道路必然会越来越平坦。

第四章 “成熟阶段”融资平台

张云的公司在研发、生产、销售和资金等方面的管理上井井有条，发展速度令人欣喜，甚至超出了他最初的设想。对于国家的金融体系来说，近年来多层次资本市场也得到了迅猛发展，企业直接通过资本市场获得融资或者间接获得融资变得更加容易，也有越来越多的企业开始考虑挂牌上市，地方金融工作办公室也纷纷助推企业利用资本市场进行融资，推动企业加快发展步伐。

为了让企业更好地了解资本市场的最新发展动态和趋势，把握资本市场改革创新的战略机遇，加快辖内企业上市、新三板挂牌步伐，某日上午，高新区发展改革局举办了企业上市挂牌操作实务专题知识讲座，区内重点上市、“新三板”挂牌后备企业的经理和财务部门负责人参加了培训。张云公司是高新区优先支持的科技型企业，公司技术研发实力强，公司设立后生产销售也逐渐打开了局面，产品得到市场的认可，目前正处于高速发展阶段，因此张云也作为受邀代表参加了培训。这次培训邀请了省内某知名证券公司的范总，给大家做企业在资本市场挂牌和上市介绍，主要给大家普及区域股权市场、中小板市场、创业板市场、新三板市场、中小企业私募债等资本市场和企业债券的具体情况和案例。

接下来，范总依次按照区域股权市场、新三板市场、中小板市场、中小企业私募债等顺序给大家做了简单介绍，并用鲜活的案例进行了讲解。

一、区域股权市场

范总首先为大家介绍了什么是区域股权市场。所谓区域性股权交易市场，就是为特定区域内的企业提供股权、债券的转让和融资服务的私募市场，是我国多层次资本市场的重要组成部分，亦是中国多层次资本市场建设中必不可少的部分，对于促进企业特别是中小微企业股权交易和融资、鼓励科技创新和激活民间资本、加强对实体经济薄弱环节的支持具有积极作用。2012 年以来，随着全国交易所整顿风潮的结束，上海、山东、浙江、广州、深圳等地先后发起设立或完善了区域性股权交易市场。截至 2016 年 12 月底，全国经批准设立和正式开业的区域性股权交易中心共有 40 家，共有挂牌股份公司 1. 74 万家，展示企业 5 万家，累计为企业实现各类融资 6730. 78 亿元。

范总认为，区域股权市场虽然门槛最低，但同样具有融资和股份转让的功能，对于张云这样创业不久、规模不大的企业，在区域股权市场挂牌融资能够收到一举两得的效果，一旦企业发展壮大了，还可以被推荐转板到新三板市场挂牌。

随后，范总以齐鲁股权交易中心为例，给在座的广大企业家介绍了区域股权市场挂牌程序。

（一）区域股权市场挂牌程序

在齐鲁股权托管交易中心股权挂牌的基本程序包括项目启动、股改私募、材料制作、审核备案、挂牌五个阶段。

第一阶段：项目启动。由在齐鲁股交中心注册的中介机构向齐鲁股交中心提交“中介机构企业挂牌工作备案登记表”。按照齐鲁股交中心的要求，由推荐机构牵头撰写出“尽职调查报告”，分别报齐鲁股交中心和申请人所在地政府主管部门。齐鲁股交中心收到“尽职调查报告”后，根据工作安排，组织相关人员对申请人进行实地考察。齐鲁股交中心根据考察情况，完成考察报告并形成初步意见，提交齐鲁股交中心挂牌评议小组。评议通过后，可启动挂牌程序。

第二阶段：股改私募。申请人申请挂牌前为有限责任公司的，应在申请人所在地政府主管部门的督导下，完成由有限责任公司整体变更为股份有限公司，整体变更后方可进行私募。申请人如有募集资金意向和需求，可采取非公开发行的方式向特定对象进行股权私募。

第三阶段：材料制作。各中介机构按照有关法律法规和齐鲁股交中心的相关要求制作挂牌申报材料。特定行业的申请人应当在挂牌申报材料中提供相关管理部门的意见。推荐机构制作完成的挂牌申报材料分别报送至齐鲁股交中心和申请人所在地政府主管部门。

第四阶段：审核备案。申请人所在地政府主管部门对挂牌申报材料进行审查，并向齐鲁股交中心出具推荐函。齐鲁股交中心收到申请人所在地政府主管部门推荐函后，由齐鲁股交中心对挂牌申报材料进行预审。预审完成后，齐鲁股交中心组织专家审核委员会会议（以下简称“专审委会议”）对挂牌申报材料进行审核、聆讯。专审委会议通过后，申请人及中介机构根据审核意见及时进行下一步核查和整改。申请人的挂牌申报材料须报山东省金融工作办公室备案。备案后，齐鲁股交中心向申请人发出“关于核准××公司股权挂牌的函”，并通知申请人所在地政府主管部门。

第五阶段：挂牌。申请人股权到齐鲁股交中心进行托管。齐鲁股交中心网站披露申请人挂牌信息并举行挂牌仪式。

知识链接 4-1

齐鲁股权交易中心挂牌条件

申请人符合国家产业政策，主营业务突出，工业万元增加值综合能耗低于当地同行业平均水平；依法设立且持续经营二年以上的股份有限公司，有限责任公司按原账面净资产值折股整体变更为股份有限公司的，持续经营时间可以从有限责任公司成立之日起计算；股本总额不少于500万元；最近一期末不存在未弥补亏损，且符合以下条件之一：

（1）最近二年连续盈利，净利润合计不少于300万元，营业收入合计不低于4000万元，且持续增长。

（2）最近一年净利润不少于100万元，营业收入不低于2000万元，且最近一年营业收入增长率不低于20%。

对国家重点鼓励发展行业中的创新型、高成长企业及高新技术企业，可参照上述条件适当放宽。

讲解完在区域股权市场挂牌的程序，范总又为大家介绍了挂牌对企业发展的益处。范总认为，其最大的益处在于融资和股权转让。

（二）企业股权挂牌的好处

（1）为企业建立了直接融资平台，可以实现“小额、多次、快速、低成本”的融资。“小额”是指根据中小企业对资金需求的特点而设计的，企业一次定向私募融资一般为1000万元至3000万元；“多次”是指企业可根据需要，一年内多次私募融资；“快速”是指从项目启动到实现挂牌（含定向私募）平均时间为3~4个月；“低成本”是指企业挂牌融资的全部费用不到公开市场的1/10，挂牌融资总成本一般在120万元左右。

（2）拓宽了企业的融资渠道。除了直接融资以外，还可以通过股权质押贷款或股权质押反担保贷款等方式融资，并且通过挂牌可以提高银行对企业的授信额度，增强企业贷款融资能力。

（3）有利于建立现代企业制度，规范法人治理结构，提高企业管理水平，降低经营风险。

（4）有利于完善激励机制，通过股权激励等措施吸引和留住人才。

（5）有利于企业进行资产并购与重组等战略性资本运作。为企业股权提供流动平台，通过股权合法、有序转让，使企业实现股权的流动和增值，进而实现股东或投资者变现。

（6）挂牌交易，可以使企业股权取得市场的公允合理定价，有利于股权的增值并增强流动性。对挂牌企业公司股东而言，可以帮助其分散投资风险，并利用资本杠杆控制更多的资源，同时构筑良好的退出平台。

知识链接 4-2

红岭创投在前海区域市场挂牌与融资实践

红岭创投是深圳市红岭创投电子商务股份有限公司旗下的互联网金融服务平台，于2009年3月正式上线运营。作为国内成立最早的互联网金融服务平台之一，红岭创投不仅为社会闲散资金提供了一个安全稳定的投资渠道，更致力于扶持中国实体经济发展，为小微企业解决融资难融资贵的难题，并以其诚信、透明、自律、创新的特征赢得了用户的良好口碑。

2013年5月30日，深圳红岭创投首批挂牌前海区域股权市场，此次红岭创投在前海股权交易中心的成功挂牌，标志着红岭创投开始站在新的起点。2013年12月，红岭创投与75家机构共同成为由央行领导的中国支付清算协会牵头成立的“互联网金融专业委员会”发起成员单位。2014年4月，创办国内首家互联网金融学院；与平安银行签署全面金融服务战略合作协议，切实保障投资者的资金安全。5月，作为国内9家知名P2P网贷平台之一，红岭创投受邀参加银监会创新监管部在北京召开的座谈会，探讨P2P行业监管内容。6月，红岭创投首家分公司——重庆分公司正式成立。截至2015年7月底，红岭创投已经成立14家省级分公司。

范总认为，企业除了在区域股权市场挂牌融资外，还可以便利地实现向上一层市场转板。他以齐鲁股权市场为例向大家介绍了挂牌企业转板情况。

（三）区域股权市场的转板情况

齐鲁股权市场是最早探索向上一级市场进行转板的四板市场，根本目的在于推动挂牌企业的融资。早在 2014 年 1 月 16 日，山东省金融办和全国股转系统在北京签署了战略合作备忘录，确定双方共同建立齐鲁股权交易中心与全国股转系统的批量转板机制。在同年 10 月底，齐鲁股交中心首批 8 家企业集中挂牌新三板；3 个月后，齐鲁股交中心的第二批 5 家企业成功转板，这些企业涵盖电子、生物科技、材料、小额贷款等行业。截至目前，齐鲁股权交易中心三批次共推动 26 家挂牌企业成功转板新三板。齐鲁股权交易中心是目前国内诸多四板市场中少有的与新三板建立批量转板通道的市场。批量寻求转板新三板背后，较大的动力来源于山东省政府的支持。

尽管各区域股交中心在企业批量转板上提供服务，但值得注意的是，真正意义上的四板市场转板新三板的机制仍未推出。

张云听了范总的介绍后大受启发，认为自己创办的企业已经可以在四板市场挂牌，并且将来有机会去上一级市场挂牌上市融资，这对企业的发展大有裨益。范总介绍完全国四板市场的挂牌融资情况后，继续介绍了新三板挂牌上市的主要内容。他认为，新三板市场才是广大中小企业展现自我、实现融资发展的重要平台。

二、新三板市场

范总继续介绍道，新三板是社会上对全国中小企业股份转让系统的俗称，其证券交易及登记结算系统于 2014 年 5 月 19 日正式投入运行。这是我国实现“新国九条”提出的“建设多层次资本市场体系”目标的关键性一步。自2013年12月14日新三板扩容至全国后，便出现了井喷式的发展。截至2017年6月，新三板挂牌公司数量已经突破11283家，超越中小板、创业板上市公司之和。

新三板市场作为资本市场承上启下的平台，是我国多层次资本市场建设的重要组成部分。经过20多年的发展，我国资本市场已经形成了主板市场、中小企业板市场、创业板市场、新三板市场、区域股权市场多层次的资本市场体系，为各种类型的企业提供更加便利的融资机会。

（一）新三板挂牌标准要求

依照《全国中小企业股份转让系统业务规则（试行)》，挂牌企业需要达到以下标准：

（1）依法设立且存续满两年；公司设立主体、程序合法合规；公司股东的出资合法合规，符合《中华人民共和国公司法》相关规定；存续两个完整的会计年度；有限公司整体变更设立股份公司，可连续计算业绩。

（2）业务明确，具有持续经营能力，包括：能够明确、具体地阐述其经营的业务、产品或服务、用途及其商业模式等信息；业务如需主管部门审批，应取得相应资质、许可或特许经营权等；业务须遵守法律、行政法规和规章的规定，符合国家产业政策以及环保、质量、安全等要求；基于报告期内的生产经营状况，在可预见的将来，有能力按照既定目标持续经营下去。

（3）公司治理机制健全，合法合规经营，包括：按规定建立股东大会、董事会、监事会和高级管理层组成的治理架构，制定相应的公司治理制度，并能证明有效运行，保护股东权益；公司及其控股股东、实际控制人，以及董、监、高人员须依法开展经营活动，经营行为合法合规，24个月内不存在重大违法违规行为；报告期内不应存在股东包括控股股东、实际控制人及其关联方占用公司资金、资产或其他资源的情形，否则应在申请挂牌前予以归还或规范；应设有独立财务部门进行独立财务会计核算，相关会计政策能如实反映企业财务状况、经营成果和现金流量。

（4）股权明晰，股票发行和转让行为合法合规，包括：股权结构清晰，权属分明，真实确定，合法合规，股东特别是控股股东、实际控制人及其关联股东或实际支配的股东持有公司的股份不存在权属争议或潜在纠纷；公司的股东不存在法律法规规定的不适宜担任股东的情形，挂牌前存在国有股权转让、外商投资企业股权转让的应符合规定；股票发行和转让行为合法合规，最近36个月不存在违规发行股票行为。

（5）主办券商推荐，持续督导，包括：公司须经主办券商推荐，双方签署“推荐挂牌并持续督导协议”；主办券商应完成尽职调查和内核程序，对公司是否符合挂牌条件发表独立意见，并出具推荐报告。

表4-1　新三板挂牌标准与中小板、创业板发行上市标准比较

项　目	新三板	创业板	中小板
主体资格	非上市企业	合法存续的股份公司	合法存续的股份公司
经营年限	存续期满2年	持续经营满3年以上	持续经营满3年以上
盈利要求	具有持续经营能力	2年连续盈利/净利1000万元	3年连续盈利/净利3000万元
资产要求	无/各地新三板要求	净资产2000万元以上	无形资产占净资产比低于20%
股本要求	无	3000万元以上	5000万元以上
主营业务	突出就可	近2年内没有重大变化	近3年内没有重大变化
实际控制	无限制	近2年内没有重大变化	近3年内没有重大变化
成长性	中关村高新科技企业	2高5新	无限制
信息披露	年报/半年报	季报/半年报/年报	季报/半年报/年报
审核方式	备案	审核	审核

（二）新三板的挂牌流程

张云一听到新三板有这么多好处，想到自己的企业目前正需要这样的一种融资平台，不禁焦急地举手询问道：“那企业如何在新三板挂牌呢？”范总闻听不禁笑了起来：“你别急啊，让我细细说来。”

新三板业务的挂牌流程，主要分为以下步骤：

（1）股份制改造。新三板市场主要以非上市股份有限企业为主，目前尚处于有限企业阶段的拟挂牌企业首先需要启动股改程序。根据《股份制企业试点办法》的要求，拟挂牌企业需成立满两年，为保证企业业绩的连续性，拟挂牌企业应以股改基准日经审计的净资产值整体折股，即由有限企业整体变更为股份企业。

（2）主办券商尽职调查。尽职调查是指主办券商遵循勤勉尽责、诚实信用的原则，通过实地考察等方法，对拟挂牌企业进行调查，有充分理由确信企业符合试点办法规定的挂牌条件以及推荐挂牌备案文件真实、准确、完整的过程。

（3）主办券商内核。这是新三板挂牌的重要环节，主办券商内核委员会议审议拟挂牌企业的书面备案文件并决定是否向协会推荐挂牌。

主办券商新三板业务内核委员会对前述项目小组完成的“股份报价转让说明书”及“尽职调查报告”等相关备案文件进行审核，出具审核意见，关注项目小组是否已按照《全国中小企业股份转让系统主办券商尽职调查工作指引（试行）》的要求对拟推荐企业进行了勤勉尽责的尽职调查；发现拟挂牌企业存在的仍需调查或整改的问题，提出解决思路；同意推荐目标企业挂牌的，向协会出具推荐报告。

（4）报监管机构审核。这是新三板挂牌的决定性阶段，中国证券业协会审查备案文件并作出是否备案的决定。

通过内核后，主办券商将备案文件上报至协会。协会决定受理的，向其出具受理通知书，自受理之日起50个工作日内，对备案文件进行审查，核查拟挂牌企业是否符合新三板试点办法和挂牌规则等规定，如有异议的可以向主办券商提出书面或口头的反馈意见，由主办券商答复，无异议的则向主办券商出具备案确认函。

协会要求主办券商对备案文件予以补充或修改的，受理文件时间自协会收到主办券商的补充或修改意见的下一个工作日起重新计算。协会对备案文件经多次反馈仍有异议，决定不予备案的，应向主办券商出具书面通知并说明原因。

（5）股份登记和托管。依据《股份制企业试点办法》的要求，投资者持有的拟挂牌企业的股份应当托管在主办券商处，初始登记的股份应托管在主办券商处。推荐主办券商取得协会备案确认函后，辅助拟挂牌企业在挂牌前与中国证券登记结算有限责任企业签订证券登记服务协议，办理全部股份的集中登记。

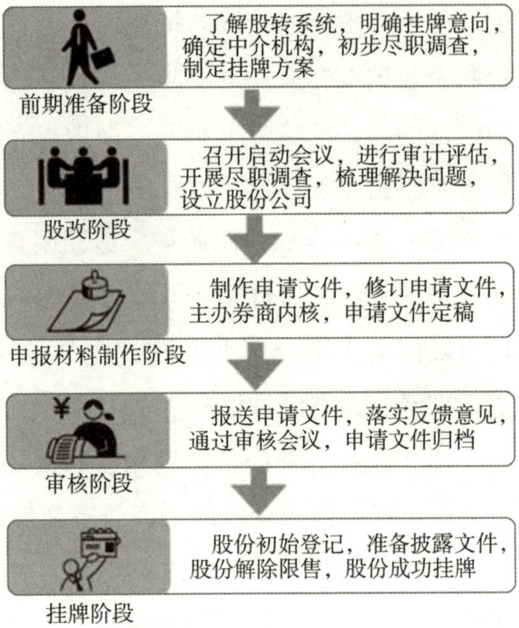

图 4－1　新三板挂牌流程图

范总喝了口水，继续介绍道，总体上看，新三板的挂牌速度较快。通常意义上讲，拟挂牌企业进行股改需要 2～3 个月，主办券商进场尽职调查及内核需要 1～2 个月，协会审查（包括反馈时间）需要 2 个月，经协会核准后可以进行股份登记挂牌，全部流程预计需要半年左右的时间。当然，如果企业自身存在法律或财务等某方面的障碍需要整改的，前述时间会随着整改进度而有所调整。

（三）新三板主要融资方式

这时，又有一个年轻企业主按捺不住内心的疑惑，大声问道：“那新三板的主要融资方式有哪些呢？”范总听闻，立即回复说：“新三板的主要融资方式有 4 种。”

新三板融资方式主要分为股权融资和债券融资，确立了以小额、快速、按需融资为特点，符合中小企业实际情况的市场化融资制度。

（1）股权融资。股权融资是指企业的股东愿意让出部分企业所有权，通过企业增资的方式引进新的股东的融资方式。新三板股权融资具体如下：

① 定向发行。经中国证监会核准，挂牌公司可定向发行股票，包括向特定对象发行股票导致股东累计超过200人，以及股东人数超过200人的公众公司向特定对象发行股票两种情形。公司挂牌同时可以定向发行股份（类似IPO）。

特定对象的范围包括下列机构和自然人：公司股东，公司的董事、监事、高级管理人员、核心员工，符合投资者适当性管理规定的自然人投资者、法人投资者和其他经济组织。公司确定发行对象时，符合第二项、第三项规定的投资者合计不得超过35名。

② 储架发行。公司申请定向发行股票，可申请一次核准，分期发行。自中国证监会予以核准之日起，公司应当在3个月内首期发行，剩余数量应当在12个月内发行完毕。首期发行数量应当不少于总发行数量的50%，剩余各期发行的数量由公司自行确定。

③ 小额豁免。挂牌公司向特定对象发行股票后股东累计不超过200人的，或者挂牌公司在12个月内发行股票累计融资额低于公司净资产的20%的，豁免向中国证监会申请核准，仅须在每次发行后5个工作日内将发行情况报中国证监会备案。

④ 监管宽松。募投项目不是定向发行的必要条件，不要求披露具体项目情况，只要求披露募集资金投向；定向发行股份没有限售要求；定向发行没有时间间隔要求。

（2）债权融资。债权融资是指企业通过借钱的方式进行融资，债权融资所获得的资金，企业首先要承担资金的利息，另外在借款到期后要向债权人偿还资金的本金。债权融资的特点决定了其用途主要是解决企业营运资金短缺的问题，而不是用于资本项下的开支。

目前新三板挂牌公司可以发行中小企业私募债，股转公司正在制定挂牌公司发行可转债的相关规则，未来新三板挂牌公司有望可以公开发行债券。

（3）银行信贷。随着全国股份转让系统的推广使用，银行针对众多轻资产企业因无固定资产抵押无法取得银行贷款的融资需求特点，推出了挂牌企业小额贷专项产品，就质押股份价值超出净资产部分提供授信增额。挂牌企业股权实现标准化、获得流动性之后，向银行申请股票质押贷款也更便捷。目前，新三板已经和多家国有商业银行、股份制银行建立了合作关系，将为挂牌企业提供专属的股票质押贷款服务。

（4）优先股。优先股对于新三板挂牌的中小企业可能更具吸引力。一般初创期的中小企业存在股权高度集中的问题，且创始人和核心管理层不愿意股权被稀释，而财务投资者又往往没有精力参与企业的日常管理，只希望获得相对稳定的回报。优先股这种安排能够兼顾两个方面的需求，既让企业家保持对企业的控制权，又能为投资者享受更有保障的分红回报创造条件。

范总欣喜地说，目前，新三板市场融资一直保持着相当的热度。在2015年前8个月新三板定增融资总额630.1亿元中，算上九鼎投资，11家金融类企业中金融企业募集资金达到244.5亿元，占比达到38.8%。除了中科招商、九鼎投资等募资大户以外，联讯证券、QL银行、明石创新、达仁资管等金融机构也排在募资排行榜的前列。

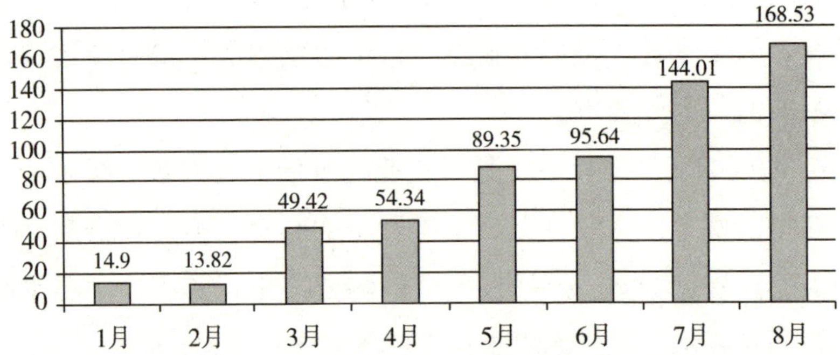

图4-2　2015年前8个月新三板融资情况（亿元）

（四）新三板挂牌企业可通过“绿色通道”转板上市

这时又有人插话：“那在新三板上市的企业可以转到主板吗？”范总

微微一笑说，这个问题问得好！主板上市对企业的条件要求相对新三板更加严格，因此登陆主板更能反映出企业的良好发展态势和形象。由于受数量所限，不少企业要排队等待才能登陆主板。是否从新三板转主板要看企业的自身需要。

新三板是中小型科技企业进入资本市场的孵化器，通过规范运作，达到主板上市条件时，可通过“绿色通道”转板上市。

未来，符合条件的新三板挂牌企业，可以直接向沪深交易所提出转板申请，由新三板直接转入沪深交易所，不再由证监会进行审核。

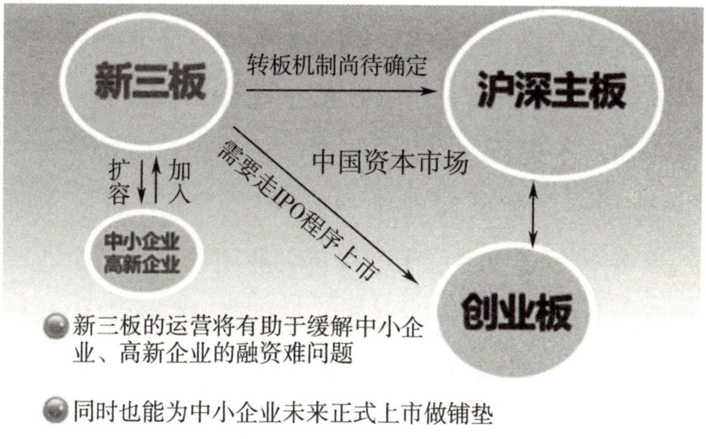

图 4－3　符合条件的新三板挂牌企业可以转板

据统计，截至 2015 年，由新三板成功转移至创业板/中小板的公司有 11 家，如表 4－2 所示。

表 4－2　新三板成功转板企业

企业名称	挂牌时间	转板时间	上市板块
粤传媒	2001 年	2007 年	中小板
久其软件	2006 年	2009 年	中小板
北陆药业	2006 年	2009 年	创业板
世纪瑞尔	2006 年	2010 年	创业板
佳讯飞鸿	2007 年	2011 年	创业板

（续表）

企业名称	挂牌时间	转板时间	上市板块
紫光华宇	2006 年	2011 年	创业板
博晖创新	2007 年	2012 年	创业板
东土科技	2008 年	2012 年	创业板
安控科技	2008 年	2014 年	创业板
双杰电气	2009 年	2015 年	深交所
合纵科技	2007 年	2015 年	创业板

数据来源：清科研究中心私募通。

表格中所显示的11 家转板企业，其挂牌新三板时间都比较早，转板大概程序仍旧没有绕过 IPO 环节，主要流程：获得证监会受理后停牌—通过证监会首发申请后摘牌—经 IPO 程序登陆中小板/创业板。

范总又强调，不论是通过 IPO 程序，还是直接转让股份审核进入 A 股，纵观企业自身，要想实现成功转板，必须有过硬的业务水平。表 4 -2 中,11 家转板企业多位于中关村创业园区，转板企业所经营的业务领域多为高新技术行业。而近些年，挂牌新三板企业中互联网行业占比增多，预测未来能实现转板的互联网企业比例也会增多，较强的变现能力及业务核心竞争力是实现转板的两大重要因素。

延伸阅读 4-3

原子高科新三板挂牌上市案例分析

原子高科是由中国原子能科学研究院作为主发起人，联合多家单位共同发起设立的高新技术企业，成立于2001 年5 月18 日。2003 年，原子能院将同位素产业重组进入原子高科，从而使公司主营业务拓展至同位素技术和辐射技术领域。2006 年在新三板挂牌上市；2011 年，原子高科控股股东变更为中国同辐股份有限公司。原子高科致力于核应用技术的产业化，拥有我国规模最大、产品覆盖面最广的放射性同位素制品生产、研发基地，并成功地通过GMP及质量、环境和职业健康安全管理体系等资质认证，能生产放射性体内药品、体外免疫分析试剂盒、放射源、放射性医疗器械、放射性标记化合物及示踪剂等包含100余种核素的300多个品种，拥有国家发改委批准建立的“大功率电子辐照加速器产业化示范基地”和自屏蔽电子束灭菌加速器系统、高能大功率辐照加速器、无损检测用直线电子加速器、^{60}Co源辐照装置的核心技术和专业化设计与制造能力。作为国内同位素技术的龙头企业，公司所研制的放射性药物为癌症的早期诊断以及甲状腺、糖尿病、肿瘤等疾病的检查方面提供了便利，并在甲状腺癌、骨肿瘤的治疗方面做出了较大贡献。

原子高科在2010年3月获“中关村中小创新企业十佳年度企业”荣誉称号。自2006年挂牌以来，公司持续进行年度分红，累计分红超1亿元，其中2011年至2014年3年派现比例逐年提高。

范总讲解完新三板市场稍一停顿，继续说道：“以上两个市场就是所谓的场外市场，是有别于交易所市场的，两者的最大区别在于融资方式、交易主体和交易方式的不同，相对而言，场外市场更加适合中小微企业。”张云听了介绍后心想，尽管自己的企业距离挂牌上市还很远，但是要实现企业的长远发展，在资本市场挂牌和上市还是能够得到很大的融资便利。范总对台下众多的企业老总说，企业要有大的发展，通过上市融资是很重要的条件。下面就给各位介绍一下创业板市场和中小企业板市场。

三、创业板

范总讲道，不管你买不买股票，相信对“创业板”这个词都不陌生。那到底什么是创业板呢？我国设立创业板的背景和意义又是怎样的呢？创业板成立以来，发展得如何，又存在什么问题呢？下面我们一一解答这些问题。

（一）什么是创业板

范总认为，创业板与主板市场最大的不同在于，它是为了解决创业型企业、中小型企业及高科技产业企业的融资和发展而专门设立的一类证券市场，是对主板市场的重要补充，在资本市场有着十分重要的地位。在我国，主板市场是指上交所和深交所的主板市场，创业板特指深交所创业板。我国创业板与主板市场的区别主要体现在上市门槛、监管制度、信息披露、交易者条件、投资风险等方面，其目的就是扶持中小企业，尤其是高成长性企业，为风险投资和创投企业建立正常的退出机制，为自主创新国家战略提供融资平台。可以说，创业板是一个门槛低、风险大、监管严格的股票市场，也是一个孵化科技型、成长型企业的摇篮。

与主板市场相比，创业板上市门槛的宽松，主要体现在对成立时间、资本规模、中长期业绩等的要求上。从事高科技业务的中小企业，虽然有很大的成长空间，但大多成立时间较短、规模较小，业绩也不突出。因此，在中国发展创业板市场给中小企业提供了更方便的融资渠道，为风险资本营造了一个正常的退出机制，同时也是我国调整产业结构、推进经济改革的重要手段。

（二）创业板的上市要求

范总强调说，在深圳证券交易所发布的《创业板股票上市规则（2014）》中，明确了发行人申请股票在创业板上市的条件，主要包括以下内容：

（1）股票已公开发行；

（2）公司股本总额不少于 3000 万元；

（3）公开发行的股份达到公司股份总数的 25% 以上，公司股本总额超过 4 亿元者公开发行股份的比例为 10% 以上；

（4）公司股东人数不少于200人；

（5）公司最近三年无重大违法行为，财务会计报告无虚假记载；

（6）本所要求的其他条件。

表4-3 创业板和主板、中小板上市要求的主要区别一览表

市场	创业板	主板、中小板
经营时间	持续经营3年以上	持续经营3年以上（但经国务院批准的除外）
财务要求	最近两年连续盈利，最近两年净利润累计不少于1000万元；或者最近一年盈利，最近一年营业收入不少于5000万元。净利润以扣除非经常性损益前后孰低者为计算依据	最近3个会计年度净利润均为正数且累计超过3000万元
		最近3个会计年度经营活动产生的现金流量净额累计超过5000万元，或者最近3个会计年度营业收入累计超过3亿元
	最近一期末不存在未弥补亏损	最近一期末不存在未弥补亏损
	最近一期末净资产不少于2000万元	最近一期末无形资产占净资产的比例不高于20%
股本要求	发行后的股本总额不少于3000万元	发行前股本总额不少于3000万元
		发行后股本总额不少于5000万元
业务经营	应当主要经营一种业务	完整的业务体系，直接面向市场独立经营的能力
公司管理	最近两年主营业务、董事和高级管理人员没有重大变动，实际控制人没有变更	最近3年主营业务、董事和高级管理人员无重大变动，实际控制人没有变更
	具有完善的公司治理结构，依法建立健全股东大会、董事会、监事会以及独立董事、董事会秘书、审计委员会制度，相关机构和人员能够依法履行职责	董事会下设战略、审计、薪酬委员会，各委员会至少指定一名独立董事会成员担任委员
		至少三分之一的董事会成员为独立董事

（三）创业板上市流程

张云又急不可耐地问道：“那创业板的上市流程是怎样的呢？”范总

笑了笑，拿出了一张事前准备好的流程图，给大家一一介绍起了上市前的四个阶段。

（1）改制阶段。企业改制、发行上市牵涉的问题较为广泛复杂，一般在企业聘请的专业机构的协助下完成。企业首先要确定券商，在券商的协助下尽早选定其他中介机构。股票改制所涉及的主要中介机构有证券公司、会计师事务所、资产评估机构、土地评估机构、律师事务所。

（2）辅导阶段。在取得营业执照之后，股份公司依法成立，按照中国证监会的有关规定，拟公开发行股票的股份有限公司在向中国证监会提出股票发行申请前，均须由具有主承销资格的证券公司进行辅导，辅导期限一年，有效期为三年。

（3）申报材料制作及申报阶段。股份公司成立运行一年后，经中国证监会地方派出机构验收符合条件的，可以制作正式申报材料。申报材料上报时，需要经过初审和发行审核委员会审核两个阶段。

（4）股票发行及上市阶段。本阶段分三步，首先，股票发行申请经发行审核委员会核准后，取得中国证监会同意发行的批文；其次，刊登招股说明书，通过媒体巡回路演，按照发行方案发行股票；最后，刊登上市公告书，在交易所安排下完成挂牌上市交易。

（四）创业板退市制度

“有上市，就有退市。创业板也有着自己严格的退市制度。”范总又进一步介绍起来。

中国股市要想公开、公平、公正地健康发展，必须建立合理的退市制度，也必须真正执行起来。创业板退市制度将大大促进创业板市场的优胜劣汰，促进创业板资源的新一轮优化配置；同时，使上市公司中“先进者得到奖励，绩差者得到惩罚”。这种赏罚分明的机制将会为创业板市场带来轮番上进的积极之风，投资者也应逐步实现投资理念的转变。

图 4－4　创业板退市制度已出台

2012 年 4 月 20 日，深交所正式发布《深圳证券交易所创业板股票上市规则》并于 5 月 1 日起正式实施，将创业板退市制度落实到上市规则之中，在多个方面完善了创业板退市制度。

虽然创业板退市制度已经出台，但在 IPO 注册制还没有实施、IPO 排队现象严重、壳资源相对稀缺的情况下，绝大多数公司都会想方设法保壳，因此，至今没有创业板公司退市。当然，退市制度出台并不旨在一定让某些公司出局，而是以此达到警醒和鞭策更多上市公司的目的，促进创业板市场健康发展。

延伸阅读 4-4

神州泰岳创业板上市案例分析

神州泰岳成立于 2001 年，主营业务为向国内电信、金融、能源等行业的大中型企业和政府部门提供 IT 运行维护管理的整体解决方案。神州泰岳在 IT 运行维护服务上，形成了独树一帜的技术实力，被称为

“IBM、HP 的竞争者”。神州泰岳经营业绩的主要来源是移动飞信运行维护支撑外包服务。该业务的运营主体是其全资子公司——北京新媒传信科技有限公司，它也是中国移动飞信业务唯一的运营维护支撑外包服务提供商。

为获得发展所需资金，神州泰岳 2008 年申请在中小板上市。但 2008 年 7 月 14 日，在证监会第 101 次发审会上，神州泰岳的中小板上市申请被否决。对此，公司董事长王宁表示，中小板上市申请之所以未获通过，是因为公司对审核所关心的问题理解不充分，回答陈述不够清楚，信息披露不够完整，导致委员有不同意见，但不存在持续盈利能力及规范运作等方面的问题。

2009 年 9 月 17 日，神州泰岳由中小板转战创业板，最终如愿以偿。对照神州泰岳的中小板上市历程可以发现，经营持续性、股权清晰性，特别是业绩成长性，是影响其创业板上市成败的关键。

综上所述，创业板 IPO 申请的门槛并不低，对业绩成长性、经营持续性、股权清晰性、主业专注度和融资迫切性的要求非常高，既要从历史中看到业绩成长性和主业专注度，又要从现实中看到股权清晰性和融资迫切性，还要从未来中看出经营持续性。希望在创业板 IPO 申请成功的企业，可据此进行自我审视与调整。

范总给大家讲完了创业板市场就要接着讲中小板市场，在讲之前，范总给大家提出了一个问题：同样是中小企业，为什么有的在创业板上市，有的却在中小企业板市场上市？台下的企业家纷纷发表了自己的看法。最后，范总总结说，大家说的都有道理，其主要的差别在于企业的发展程度不同，当然也是深交所资本市场创新的结果。

张云的企业要想在创业板或中小板市场上市还有很长的路要走，目前希望的是如果在区域股权市场挂牌后，能够顺利地实现向上一级市场转板。

四、中小企业板

讲完了创业板市场，在中场稍作休息之后，范总又开始为大家介绍起了中小企业板市场。所谓中小企业板市场，就是我们平时所说的“中小板”。它设立于2004年5月27日，是深圳证券交易所为了鼓励自主创新而专门设置的中小型公司聚集板块。板块内公司普遍具有收入增长快、盈利能力强、科技含量高的特点，而且股票流动性好，交易活跃，被视为中国未来的“纳斯达克”。

中小企业板作为深交所主板市场的一个组成部分，它的建立是构筑多层次资本市场的重要举措。

（一）中小企业板上市条件

中小企业板上市的基本条件与主板市场完全一致，主要选择主板市场拟发行上市企业中具有较好成长性和较高科技含量的、流通股本规模较小的公司，持续经营时间应当在3年以上，有限责任公司按原账面净资产价值折股整体变更为股份有限公司，持续经营时间可以从有限责任公司成立之日起计算，发行人最近3年内主营业务和董事、高级管理人员没有发生重大变化，实际控制人没有发生变更。

1. 独立性条件

发行人应当具有完整的业务体系和直接面对市场独立经营的能力，发行人的资产完整，人员独立，财务独立，机构独立，业务独立。发行人的业务应当独立于控股股东、实际控制人及其控制的其他企业，预控股股东、实际控制人及其控制的其他企业间不得有同业竞争或者显失公平的关联交易。

2. 规范运行条件

发行人已经依法建立健全股东大会、董事会、监理会、独立董事会、董事会秘书制度，机关机构和人员能够依法履行职责。发行人的董事、监事和高级管理人员已经了解与股票发行上市有关的法律法规，知悉上市公司及其董事、监事和高级管理人员的法定义务和责任。发行人的董事、监事和高级管理人员符合法律、行政法规和规章的任职资格。

3. 财务会计条件

发行人资产质量良好，资产负债结构合理，盈利能力较强，现金流量正常。具体各项财务指标应达到以下要求：最近 3 个会计年度净利润均为正数且累计超过人民币 3000 万元；最近 3 个会计年度经营活动产生的现金流量净额累计超过人民币 5000 万元，或者最近 3 个会计年度营业收入累计超过人民币 3 亿元；发行前股本总额不少于人民币 3000 万元；最近一期末无形资产（扣除土地使用权、水面养殖权和采矿权等后）占净资产的比例不高于 20%；最近一期末不存在未弥补亏损。发行人依法纳税，各项税收优惠符合相关法律法规的规定，经营成果对税收优惠不存在严重依赖。

（二）中小企业板发行上市流程

第一阶段：对企业改制并设立股份有限公司。拟定改制重组方案，聘请保荐机构（证券公司）和会计师事务所、资产评估机构、律师事务所等中介机构对改制重组方案进行可行性论证，对拟改制的资产进行审计、评估、签署发起人协议和起草公司章程等文件，设置公司内部组织机构，设立股份有限公司。除法律、行政法规另有规定外，股份有限公司的设立取消了省级人民政府审批这一环节。

第二阶段：对企业进行尽职调查与辅导。保荐机构和其他中介机构对公司进行尽职调查、问题诊断、专业培训和业务指导，学习上市公司必备知识，完善组织结构和内部管理，规范企业行为，明确业务发展目标和募集资金投向，对照发行上市条件对存在的问题进行整改，准备首次公开发行申请文件。目前已取消了为期一年的发行上市辅导的硬性规定。

第三阶段：制作申请文件并申报。企业和所聘请的中介机构，按照证监会的要求制作申请文件，保荐机构进行内核并负责向中国证监会尽职推荐；符合申报条件的，中国证监会在5个工作日内受理申请文件。

第四阶段：对申请文件进行审核。中国证监会正式受理申请文件后，对申请文件进行初审，初审结束后发行审核委员会审核前进行申请文件预披露，最后提交发行审核委员会审核。

第五阶段：路演、询价与定价。在指定报刊上刊登招股说明摘要及发行公告等信息，证券公司与发行人进行路演，向投资者推介和询价，并根据询价结果协商确定发行价格。

第六阶段：发行与上市。根据中国证监会规定的发行方式公开发行股票，向证券交易所提交上市申请，在登记结算公司办理股份的托管与登记，挂牌上市，上市后由保荐机构按规定负责持续督导。

延伸阅读4-5

大族激光中小企业板上市案例分析

1996年大族激光崛起于改革开放的前沿——深圳。这里良好的创业环境使大族激光一步一步走向成功，并成为中国激光装备行业的领军企业。作为世界知名的激光加工设备生产厂商，大族激光已成为深圳市高新技术企业、深圳市重点软件企业、广东省装备制造业重点企业、国家级创新型试点企业、国家科技成果推广示范基地重点推广示范企业、国家规划布局内重点软件企业，主要科研项目被认定为国家级火炬计划项目。

大族激光于2004年6月在深交所中小企业板上市。大族激光为国内外客户提供一整套激光加工解决方案及相关配套设施，主要产品包括激光打标（雕刻）机系列、激光焊接机系列、激光切割机系列、绿激光演示系列、PCB激光钻孔机系列、直线电机系列等多个系列200

余种工业激光设备及其配套产品，广泛应用于电子电路、集成电路、仪器仪表、印制电路、计算机制造、手机通信、汽车配件、精密器械、建筑建材、服装服饰、城市灯光、金银首饰、工艺礼品、印刷制版等行业。

大族激光通过不断自主研发，把“实验室装置”变成可以连续24小时稳定工作的激光技术装备，是世界上仅有的几家拥有紫外激光专利的公司之一。在强大的资本和技术平台支持下，公司实现了从小功率到大型高功率激光技术装备研发、生产的跨越发展。①

五、企业上市前的辅导

随后，范总给在座的企业家又介绍了券商在企业挂牌中的主要工作和职责。他介绍说，主办券商主要负责挂牌公司的改制、挂牌公司的规范、申请材料的制作与内核、挂牌申请及后续的持续督导等工作。

（一）公司上市辅导的主要内容

上市辅导的内容，由辅导机构在尽职调查的基础上，根据发行上市相关法律、法规和规则以及上市公司的必备知识，针对企业的具体情况和实际需求来确定，主要包括以下方面：

（1）组织由企业的董事、监事、高级管理人员（包括经理、副经理、董事会秘书、财务负责人、其他高级管理人员）、持有5%以上（含5%）股份的股东（或其法定代表人）参加的，有关发行上市法律法规、上市公司规范运作和其他证券基础知识的学习、培训和考试，督促其增强法制观念和诚信意识。

（2）督促企业按照有关规定初步建立符合现代企业制度要求的公司

① 根据有关资料整理。

治理结构、规范运作，包括制定符合上市要求的公司章程，规范公司组织结构，完善内部决策和控制制度以及激励约束机制，健全公司财务会计制度等。

（3）核查企业在股份公司设立、改制重组、股权设置和转让、增资扩股、资产评估、资本验证等方面是否合法，产权关系是否明晰，是否妥善处置了商标、专利、土地、房屋等资产的法律权属问题。

（4）督促企业实现独立运作，做到业务、资产、人员、财务、机构独立完整，主营业务突出，形成核心竞争力。

（5）督促企业规范与控股股东及其他关联方的关系，妥善处理同业竞争和关联交易问题，建立规范的关联交易决策制度。

（6）督促企业形成明确的业务发展目标和未来发展计划，制定可行的募股资金投向及其他投资项目的规划。

（7）对企业是否达到发行上市条件进行综合评估，诊断并解决问题。

（8）协助企业开展首次公开发行股票的准备工作。辅导机构和企业可以协商确定不同阶段的辅导重点和实施手段。辅导前期的重点可以是摸底调查，形成全面、具体的辅导方案；辅导中期的重点在于集中学习和培训，诊断问题并加以解决；辅导后期的重点在于完成辅导计划，进行考核评估，做好首次公开发行股票申请文件的准备工作。

（二）上市辅导期时间

为了确保上市辅导的质量，提高拟上市公司的素质和规范运作的水平，《首次公开发行股票辅导工作办法》规定，企业上市辅导期限至少为1年。辅导期从辅导机构向证监会派出机构报送备案材料、取得备案登记之日起计算，到证监会派出机构完成对企业辅导效果的评估调查、向证监会出具辅导监管报告之日结束。

如果在上市辅导完成之前，辅导机构发生了变更，则只有在继任辅导机构向证监会派出机构明确表示认可前任的辅导工作、承担前任的辅导责任的情况下，原先的辅导期才可以连续计算。但是，继任辅导机构对企业进行辅导的期限不得少于半年。《首次公开发行股票辅导工作办法》还规定了若干不能连续计算辅导时间的情形，包括：

（1）辅导人员发生变更，辅导机构没有及时办理备案登记手续；

（2）辅导机构发生变更，原辅导机构指出企业存在重大法律障碍或风险隐患而退出辅导；

（3）辅导机构发生变更，继任的辅导机构没有向证监会派出机构明确表示认可前任的辅导工作、承担前任的辅导责任；

（4）企业没有按规定在辅导期满6个月后的10日内，就接受辅导、准备发行股票的事宜在当地至少2种主要报纸连续公告2次以上；

（5）辅导期内中止辅导工作达1个月；

（6）其他证监会认定的情形。

此外，根据《证券发行上市保荐制度暂行办法》的规定，保荐机构推荐其他机构辅导的发行人首次公开发行股票前，应当在推荐前对发行人至少再辅导6个月。

（三）上市辅导的主要程序

（1）聘请辅导机构。企业选择辅导机构要综合考察其独立性、资信状况、专业资格、研发力量、市场推广能力、具体承办人员的业务水平等因素。根据《证券经营机构股票承销业务管理办法》的规定，持有企业7%以上的股份或者是企业前5名股东之一的证券经营机构，不得成为该企业的保荐机构。如果企业想使辅导机构与保荐机构合二为一，就不宜选择上述不具备独立性的证券经营机构担任辅导机构。

（2）辅导机构提前入场。按规定，上市辅导应在企业改制重组为股份有限公司后正式开始。但是，改制重组方案是企业发行上市准备的核心内容，是上市辅导工作的重中之重。因此，如果可能，辅导机构在与企业达成辅导意向后，就应及早介入企业发行上市方案的总体设计和改制重组的具体操作。

（3）双方签署辅导协议，登记备案。待改制重组完成、股份公司设立后，企业和辅导机构签订正式的辅导协议，在辅导协议签署后 5 个工作日内到企业所在地的证监会派出机构办理辅导备案登记手续。

（4）报送辅导工作备案报告。从辅导开始之日起，辅导机构每 3 个月向证监会派出机构报送 1 次辅导工作备案报告。

（5）对企业存在的问题进行整改。随着辅导的进行，辅导机构将针对企业存在的问题提出整改建议，督促企业完成整改。在上市辅导过程中遇到的疑难问题，企业可尝试征询业内专家或权威部门的意见，以少走弯路。

（6）企业向社会公告准备发行股票的事宜。企业应在辅导期满 6 个月之后 10 天内，就接受辅导、准备发行股票的事宜在当地至少 2 种主要报纸连续公告 2 次以上，接受社会监督。公告后，证监会派出机构如果收到关于企业的举报信，可以组织对举报信的调查，企业应积极配合调查，消除发行上市的风险隐患。

（7）辅导书面考试。辅导机构将在辅导期内对接受辅导的人员进行至少 1 次书面考试，全体应试人员最终考试成绩应合格。

（8）提交辅导评估申请。辅导协议期满，辅导机构如果认为辅导达到计划目标，将向证监会派出机构报送“辅导工作总结报告”，提交辅导评估申请；辅导机构和企业如果认为辅导没有达到计划目标，可向证监会派出机构申请适当延长辅导时间。

（9）辅导工作结束。证监会派出机构接到辅导评估申请后，将在 20 个工作日内完成对辅导工作的评估。如认为合格，将向证监会出具“辅导监管报告”，发表对辅导效果的评估意见，辅导结束；如认为不合格，将酌情要求延长不超过 6 个月的辅导时间。

接着，范总说道：“关于中小企业能够挂牌上市的场外、场内市场就给大家介绍完了，下面就给大家简单地介绍一下中小企业私募债的发展情况。”

对于张云等初创时期的中小企业而言，借助中小企业私募债进行融资是一个不错的选择。但是，中小企业私募债是一把双刃剑，利息较高，利用不好有可能会给企业带来沉重的财务负担。

六、中小企业私募债

“说到债券，中国老百姓首先想到的就是国债。每当到国债发行的时候，大爷大妈们就会早早起床去银行门前排起长队买国债。”范总笑着说，“其实，债券除了国债之外还有很多种，包括市政债、企业债、公司债和国际债等等。下面就来谈谈‘中小企业私募债’。”

按照《沪深交所中小企业私募债券业务试点办法》的定义，中小企业私募债是指中小微型企业在中国境内以非公开方式发行和转让，约定在一定期限还本付息的公司债券。它是由我国中小微企业通过非公开方式发行的，发行利率限定在同期银行贷款基准利率的3倍之内，发行期限在1年（含）以上的有价证券。

（一）我国中小企业私募债的发展

我国中小企业私募债虽然起步较晚，但是发展迅速。2011年12月，中国证监会原主席郭树清两次公开讲话都表示要鼓励发展高收益债券，作为固定收益类金融产品的创新之一。

2012年6月11日，首单中小企业私募债“12苏镀膜”在上海交易所挂牌并完成首笔非公开转让，拉开了中小企业私募债发行的序幕。2012年全年共发行112只中小企业私募债，规模合计126亿元。2013年共发行260只中小企业私募债，募集资金规模达到340亿元，同比增长了170%。2014年共发行355只，募集资金达到583亿元，同比增长70%。据鹏元研究发布的数据，2016年，私募公司债发展迅速，无论发行数量还是发行规模均排在首位，发行1376只，比2015年增长145.7%，发行规模14896.91亿元，比2015年增长195.1%。

（二）中小企业私募债的办理条件

（1）中小企业私募债办理企业应符合国家相关政策对于中小企业定义的标准。

（2）办理中小企业私募债必须有企业纳税规范。

（3）申请中小企业私募债的目标企业的主营业务不能包含房地产和金融类业务。

（4）办理中小企业私募债的目标企业的年营业收入达到一定规模，以企业年营业额收入不低于发债额度为宜。

（5）中小企业私募债办理的目标企业能获得大型国企或者国有担保公司担保。

（6）申请中小企业私募债的企业的信用评级达到AA级以上则为优先考虑对象。

（三）中小企业私募债的基本要素

《中小企业私募债试点办法》明确试点期间中小企业私募债券的发行人为未上市中小微企业，具体来说，是指符合《关于印发中小企业划型标准规定的通知》（工信部联企业〔2011〕300号）规定的，但未在上海证券交易所和深圳证券交易所上市的中小微型企业，暂不包括房地产企业和金融企业。因此，中小企业私募债券的推出扩大了资本市场服务实体经济的范围，加强了资本市场服务民营企业的深度和广度。具体的基本要素如下：

（1）审核体制。中小企业私募债发行由承销商向上海和深圳交易所备案，交易所对承销商提交的备案材料完备性进行核查，备案材料齐全的，交易所将确认接收材料，并在10个工作日内决定是否接受备案。如接受备案，交易所将出具“接受备案通知书”。私募债券发行人取得“接受备案通知书”后，需要在6个月内完成发行。“接受备案通知书”自出具之日起6个月后自动失效。

（2）发行期限。发行期限暂定在1年以上（通过设计赎回、回售条款可将期限缩短在一年内），暂无上限，可一次发行或分期发行。

（3）发行人类型。试点期间，符合工信部《关于印发中小企业划型标准规定的通知》的未上市非房地产、金融类的有限责任公司或股份有限公司，只要发行利率不超过同期银行贷款基准利率的3倍，并且期限在1年（含）以上，可以发行中小企业私募债券。

（4）发行条件。中小企业私募债发行规模不受净资产的40%的限制。需提交最近2年经审计的财务报告，但对财务报告中的利润情况无要求，不受年均可分配利润不少于公司债券1年的利息的限制。

（5）担保和评级。监管部门出于对风险因素的考虑，为降低中小企业私募债风险，鼓励中小企业私募债采用担保发行，但不强制要求担保，对是否进行信用评级没有硬性规定。私募债券增信措施以及信用评级安排由买卖双方自主协商确定。发行人可采取其他内外部增信措施，提高偿债能力，控制私募债券风险。增信措施主要包括：限制发行人将资产抵押给其他债权人，第三方担保和资产抵押、质押，商业保险。

（6）发行利率及发行成本。根据《中小企业私募债试点业务指南》规定，中小企业私募债发行利率不超过同期贷款基准利率的3倍。鉴于发行主体为中小企业，信用等级普遍较低，且为非公开发行方式，投资者群体有限，发行利率高于市场已存在的企业债、公司债等。发行成本可以用图4－5来形象描述。

（7）转让流通。在上交所固定收益平台和深交所综合协议平台挂牌交易或证券公司进行柜台交易转让。发行、转让及持有账户合计限定为不超过200个。根据《中小企业私募债试点业务指南》，私募债券面值为人民币100元，价格最小变动单位为人民币0.001元。私募债券单笔现货交易数量不得低于5000张或者交易金额不得低于人民币50万元。私募债券成交价格由买卖双方在前收盘价的上下30%之间自行协商确定。私募债券当日收盘价为债券当日所有转让成交的成交量加权平均价；当日无成交的，以前收盘价为当日收盘价。

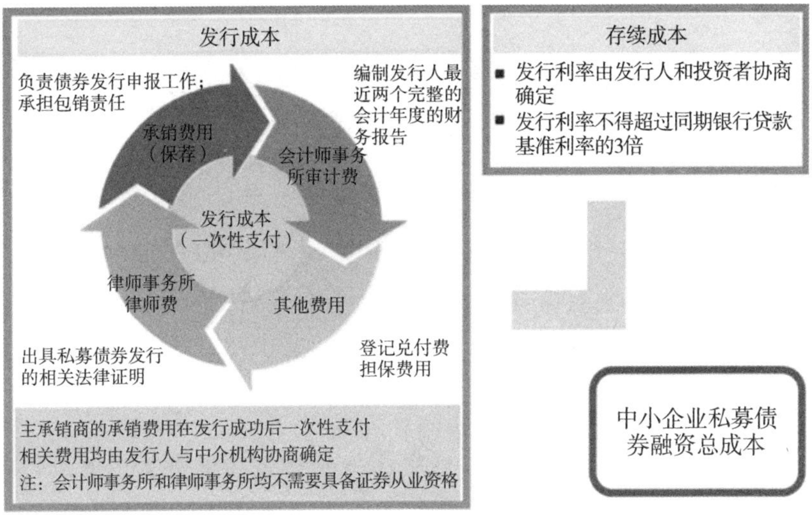

图4－5　中小企业私募债的发行利率及成本

延伸阅读4－6

九恒星科技私募债融资案例分析

北京九恒星科技股份有限公司（NSTC）是专注务实的资金管理解决方案供应商，主要为集团企业、金融企业、公共服务企业提供全方位的资金管理研究开发、技术支持及资金信息增值咨询服务。九恒星在上海、深圳及多个省市设有分、子公司及办事处。九恒星于2000年3月13日注册成立，2008年4月7日实行股份制改造，2009年2月18日在深圳证券交易所代办股份转让系统挂牌，2012年6月18日在深圳证券交易所成功发行中小企业私募债。

九恒星发行的私募债票面利率为8.5%，比银行同期贷款利率（不含银行贷款的上浮利率）高出不到两个百分点。与银行贷款相比，中小企业私募债特点是发行速度与企业拿到资金的速度均较快，且募集资金用途没有限制，拓宽了中小微企业的融资渠道。

延伸阅读4-7

东飞私募债违约案例分析

2015年1月25日，由东飞马佐里纺机有限公司发行、在深交所挂牌交易的“12东飞01”中小企业私募债未能按时兑付本息，发生实质性违约。而按照担保函提到的，应由城投公司东台市交通投资建设集团有限公司（“东台交投”）提供“全额无条件不可撤销连带责任保证担保”。

东台交投发文强调担保函没有代为清偿的责任或义务，只是为债券的信用评级担保，可能是担忧此次担保代偿影响自身的资信。因为在公募债券市场上，东台交投于2012年发行的6年期10亿元的企业债券“12东台交投债”还未到期，票面年利率为7.39%，从2015年7月开始的4年内，该只企业债将每年偿付25%的本金，偿债压力加大。

12东飞债虽然是2015年第一单，但其与2014年以来多起私募债违约事件对比，对于市场最大的触动不在违约本身，而在于乌龙担保和平台能力两项。对于担保，不论该债项担保是否虚假，发行人、主承销商和担保方之间谁对谁错，市场都需要再次对债项增信进行更为全面的信用评估。从跟踪研究看，名义上全额不可撤销担保之下，各有关担保方的担保责任和担保能力差别很大。本次事件暴露出的平台弊端有两个：一是法律意识淡薄，这是中国债券市场普遍的情况，监管方难辞其咎；二是责任范围过大，这是地方政府事必躬亲、好大喜功的结果，拼融资、拼项目、拼发展，长官意识带来平台不可承受之重。

七、电子商务金融服务平台

美国留学工作的经历使得张云深知借助资本市场融资比通过银行贷

款融资来得更快，资金规模也会更大，而这也更符合企业下一步的发展趋势。因此，张云及其团队经过认真研究，终于下定决心，要进一步加快公司发展步伐，通过挂牌上市推动公司做大做强。在跟高新区汇报了公司发展的愿景后，高新区也极力支持公司挂牌上市，积极地协调省内外风险投资者与张云进行对接。终于，经过一段时间的沟通洽谈，某风险投资公司出资 800 万元入股张云的公司。半年以后公司完成股份制改造，当年公司实现了区域股权交易中心挂牌交易。

在企业不断发展的同时，300 万元以下的贷款已经不能满足企业的资金需求。针对这种情况，JS 银行持续跟进，推荐张云做小企业“成长之路”业务，并对公司进行评级、授信等，根据企业的经营情况和财务指标，为企业授信 500 万元。随后一段时间，JS 银行根据公司经营情况、市场情况，通过客户经理实地走访，了解企业管理制度，对照企业财务报表，核实账实相符；查看征信系统，了解企业及其实际控制人征信记录；查看了企业纳税申报单、水费及电费缴费凭证、工资转账支付凭证、主要结算银行的结算流水、销售合同、订单等，了解企业经营情况以及担保单位经营情况、抵押物状况等，并形成了详尽的走访记录。经 JS 银行研究商讨，决定将企业授信额度从 800 万元提高到 1500 万元。

张云的公司在致力于原有产品推广的同时，进行多元化经营，开发家庭用的环保设备。客户经理小周建议张云入驻 JS 银行善融商务平台。善融商务是 JS 银行推出的以专业化金融服务为依托的电子商务金融服务平台，具有专业性强、商户入驻流程较多、计算机水平要求高等特点，不仅申请准入有较高要求，具体的操作流程更难以掌握。JS 银行仔细研究了善融商务的适用群体、操作流程，并分析了张云公司的产品、种类、价格、市场群体、销售渠道，认为善融商务 B2C 平台非常适合该企业。之后，JS 银行善融商务营销小组走访该企业，进行营销。张云了解到该项产品的特点和功能之后，也表现出了浓厚的兴趣。在具体的落实过程中，善融商务相关人员经常利用下班时间对公司进行一对一上门服务指导，帮助企业开通商城账户、激活并完成挂单交易，指导客户使用该系统，熟悉流程操作。经过双方的共同努力，公司在善融商务 B2C 平台上线 1 个月内，收获了交易 100 余笔的好成绩。善融商务为企业提供了新的融资及销售渠道，拓展了下游客户。

在 JS 银行的支持之下，公司不断成长壮大，生产能力、技术水平、管理团队、市场地位等各方面均取得了显著进步，品牌知名度日益提升，销售收入迅速增长，盈利能力不断增强，逐步向大中型发展。截至目前，公司已经成长为环保细分行业中的龙头企业。

知识链接 4-8

“成长之路”产品介绍

成长之路业务是指 JS 银行对于信息较充分、信用记录较好、持续发展能力较强的成长型小企业，在客户信用风险限额的基础上，综合分析客户资信状况、授信需求、授信业务风险与收益等因素条件下，通过规定程序审批给予办理的包括各类贷款、贸易融资、银行承兑汇票、保证、信用证等在内的表内外综合授信。

1. 产品特点

（1）业务流程简便。为小企业客户设计了独立的评级和授信体系，流程短，效率高。

（2）贷款条件灵活。根据企业不同情况，担保方式可以选择不动产抵押、机器设备抵押、存货质押、第三方保证、担保公司担保、个人信用保证等。

（3）融资成本低。根据企业和 JS 银行合作关系的紧密程度，贷款优惠价格最低可达到基准利率。

（4）融资产品丰富。产品范围涵盖了各类贷款、贸易融资、银行承兑汇票、保证、信用证等在内的表内外综合授信产品。

2. 客户基本条件

(1) 经工商行政管理部门核准登记，且年检合格。

(2) 有必要的组织机构、经营管理制度和财务管理制度。

(3) 有固定住所和经营场所，合法经营，产品有市场、有效益。

(4) 持有中国人民银行核发的贷款卡。

(5) 具备履行合同、偿还债务的能力，还款意愿良好。

(6) 能遵守国家金融法规政策及银行有关规定。

(7) 企业生产经营资金全部或大部分通过 JS 银行办理结算。

(8) JS 银行要求的其他条件。

3. 善融商务介绍

善融商务是 JS 银行推出的以专业化金融服务为依托的电子商务金融服务平台，融资金流、信息流和物流为一体，为客户提供信息发布、在线交易、支付结算、分期付款、融资贷款、资金托管、房地产交易等全方位的专业服务。

“善融商务”以“亦商亦融，买卖轻松”为出发点，面向广大企业和个人提供专业化的电子商务服务和金融支持服务。在电商服务方面，提供 B2B 和 B2C 客户操作模式，涵盖商品批发、商品零售、房屋交易等领域，为客户提供信息发布、交易撮合、社区服务、在线财务管理、在线客服等配套服务；在金融服务方面，将为客户提供从支付结算、托管、担保到融资服务的全方位金融服务。

“善融商务个人商城”定位为 B2C 平台，面向个人消费者。“善融商务个人商城”目前共出售服饰、箱包、图书、电器等 14 个品类的商品。其模式是通过加盟商家向消费者提供产品，目前共有 218 家店铺入驻了个人商城，如海尔集团、银泰百货、美孚、壳牌、深特汽配、玫瑰人生等知名品牌厂家实现了直接入驻。消费者在购买商品的时候可以直接实现分期支付或者申请贷款支付，也可采用信用卡积分兑换券进行支付。

“善融商务企业商城”定位为独立B2B平台，面向企业用户，包括专业市场、对公融资、资金托管3大部分。

“房E通”是善融新增加的业务，主要是新房、二手房等的贷款业务，帮助客户在网上就可以更便捷地申请到JS银行的贷款业务，还有住房基金等多种业务。

入驻情况：目前包括专业市场入驻、B2B商户入驻和B2C商户入驻3个方面，每个的入驻条件不一样，并有JS银行相关人员进行审核，审核通过方可加入善融商务平台。

第五章　成功创客融资案例集萃

创客，首先要有一个创业的强烈梦想，有一个创业的坚定信念，有一个执着的追求，有一个百折不挠的真诚态度。

创客成功的背后，有许多泪水，又有许多汗水，需要承受许多压力，感受许多艰辛，接受许多挑战，才能迎来事业的辉煌！

创客创业的过程，就是一个从最初的创意开始的艰苦创业之路，从无名到创品牌，最终才是“创天下”，开创出一片蓝天、一片海洋、一片天地。

下面5个案例，就是发生我们身边的故事。这些创客的足迹再次证明，每个人都具有成功的梦想，关键是看你对创业的条件与机会的把握。

一、九阳股份有限公司：小家电行业的明星创业之路

美国著名经济学家熊彼特（Joseph Schumpeter）认为，经济的最本质特征就是创新。九阳企业20多年的艰辛、探索与创业之路，可以用一句话概括：创新就是披荆斩棘。

该企业的发展过程，从融资角度讲，大致经历了四个不同的“融资期”。

第一阶段：直接的“内源融资期”。企业创始人在初创期，可以说倾其全家的财力，承受最大的创业风险，在家族范围内最大限度地筹集创业资金，形成创业的原始资本金。

第二阶段：间接的“内源融资期”。企业创始人在经历了前一个阶段之后，再次扩大初创规模，在周边亲戚朋友范围内或一个很了解的熟人圈子里，最大限度地筹集进一步发展的资金。这是一个相互理解与信息对称的融资期。

第三个阶段：间接的银行“外源融资期”。企业创始人在经历了前两个起步融资期之后，具备了一定的经营雏形，加上拥有了一定的市场份额，也积累了一定的抵押品，在银行获得了短期的发展资金，这部分资金会对第二阶段融资资金起到一定的替代作用。

第四个阶段：直接的社会“外源融资期”。企业有了更进一步的发展，在行业中有了一定的影响力，发展前景与发展预期被很多资本投资者看好，吸引了早期的创业企业投行资本。这时企业进入了高速发展期，企业从内源融资为主变为以外源融资为主。

创业融资，就是要找到“巧妇怎样解决有米之炊”的现实问题。

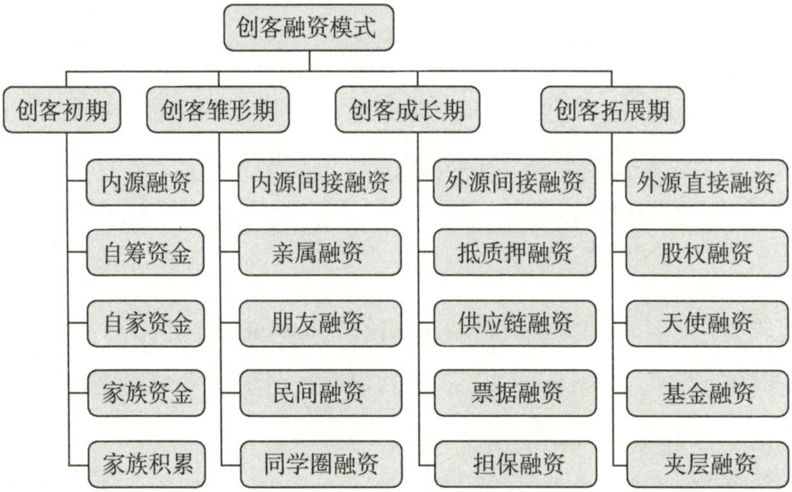

图 5－1 企业的四个融资期

1994 年，王旭宁（九阳股份董事长）出于对豆浆的热爱，成功研发了第一台豆浆机，经历了创客融资的第一阶段“内源的直接融资”与第二阶段“内源间接的原始融资”。

2002 年共同出资成立山东九阳小家电有限公司，经历了创客融资的外源间接融资期。

2007 年进行股改，变更为股份有限公司，注册资本 2 亿元，经历了创客融资的外源直接融资期。

自 2008 年成功上市至今，九阳股份积累计派现 19.61 亿元，远超募集资金 15.10 亿元。经历了从创客公司到社会公众公司“全新蜕变”的完整发展过程。

创业者王旭宁完成了从优秀的大学老师到新兴行业企业家的转变，实现了从学者到优秀的商业精英飞跃的梦想。用王旭宁的话讲，就是“健康融入血液、创新深入骨髓”。正是基于这样的理念，九阳不仅开创了家用豆浆机消费的先河，做大做深了这一市场，使九阳逐渐成为豆浆机行业的第一品牌，更让九阳这个名字给客户留下地久天长、长长久久的健康。道德经曰：“天长地久，天地所以能长且久？以其不自生，故能长生。”

九阳公司创业的核心就是在没路时找到路，九阳小家电的创业之路可浓缩为表 5-1。

表 5-1　九阳小家电的创业之路

发展特点	发展时期	发展方向
产品创新，找到一个支点	初创期	小家电，大市场
产业创新，发展一个新兴产业	基础期	小行业，大未来
规模创新，拥有一片森林	增长期	小产品，高成长
模式创新，拓展全民健康饮食	跨越期	小九阳，大健康

（一）小家电，大市场（1994～2000 年）：引领技术创新

小家电作为人们社会生活中最基本的家庭消费品，其生命周期一般为 3～5 年，而且产品更新换代较快。企业如何生存、持续发展成了首要问题。“如果学习只在模仿，那么我们就不会有科学，也不会有技术。”九阳正是意识到创新战略可以使企业在竞争中不被淘汰，因此在创业初

期就致力于技术提升和产品创新，更是将技术研发和强大的营销网络作为支撑九阳发展的重要动力源。

九阳的产生源于最初的用户需求，创始人出于对豆浆的热爱而研发了首台豆浆机。随着客户需求多样化的呈现，九阳不断进行技术改革，迎合市场发展。九阳初创期就将产品定位于小家电领域，准确地切入了一个新兴的细分市场，确立了九阳今后毫不动摇地致力于健康小家电的研发、生产与销售的策略。经过20多年的奋斗，九阳不断进行豆浆机的技术革新，获得了多项技术专利，创就了豆浆机行业的发展史。

表5-2　九阳豆浆机重要的12次技术革新

时间	技术革新
1994年	电机上置——全自动家用豆浆机诞生
1995年	外加豆——易操作，浓度可调
1996年	智能不粘——不粘、不煳、易清洗
1999年	浓香技术营养——豆浆更香浓
2002年	文火熬煮——豆浆熬得透，喝着香
2004年	营养萃取——营养更充分
2005年	拉法尔网——易清洗，多功能
2006年	无网简易——简单易洗
2007年	环绕立体加热——熬煮更彻底
2008年	五谷精磨器——精磨更细腻
2010年	智能全营养——特香浓
2011年	植物奶牛——全营养

九阳的发展初期困难重重，最初的无人问津让九阳人心急如焚。由此，发生了一件被九阳创业者称作标志性的事件，即1994年在《齐鲁晚报》刊登宣传广告，为豆浆机的销售提供了生机。自此，九阳宣传大豆与豆浆营养知识的软文广告开始席卷全国媒体，九阳又适时将宣传策略从“引导消费豆浆”转移到“引导消费九阳豆浆机”，这一策略不但

使九阳在市场中存活下来，而且带动发展起了一个新兴的豆浆机行业。在创业初期，九阳将技术研发和强大的营销网络作为支撑九阳发展的重要动力源。1997 年，九阳公司省内外办事处已达 10 家，有 200 多家经销商，由于销售采取总经销制，加之总部的宣传支持，公司年销售收入过千万元，完成了最初的原始积累。1998 ~ 1999 年，九阳优化销售网络，对经销商加以筛选，同时加强管理，公司的销售利润明显增长。目前，九阳已在全国大部分城市设立服务网点，提供上门服务，在小家电行业内形成了罕见的客户和售后深度服务能力。

创业初期，由于产品的客户接受度存在不确定性，企业的经营风险高于财务风险，而负债筹资成本较高，相对困难，所以初创期的公司绝大部分资金靠个人资产或私人借款来筹集，资本化程度较低。因此，王旭宁等人共同投资成立九阳，显然此时的九阳采取的是接受直接投资的权益性筹资战略。创业前期，企业的现金净流量为负数，为此九阳采取不分配利润的政策，将大量利润留存在企业内部，以满足其发展需求。同时，九阳还需要不断投入大量资金。

由于初期融资渠道受限，九阳只能选择留存税后利润，为企业的进一步发展奠定物质基础。

（二）小行业，大未来（2001 ~ 2005 年）：独树一帜，行业创新

九阳以豆浆机扬名，并在这个品类占了整个食品加工大分类中 70% 的份额，可以说是这个行业毫无争议的领导者。九阳豆浆机的一机风行，诱发了投资者效仿的热潮。一时间全国各地如雨后春笋般新生了 100 余家豆浆机生产企业，并且海尔、美的等公司也纷纷斥资进入豆浆机领域。作为传统制造企业，九阳始终保持着与其他小家电品牌“不一样”的品牌气质。从第一台豆浆机在九阳诞生，打破了厨房小家电都是“舶来品”的格局，成为厨房小家电中“中国制造”的代名词，九阳就有了第一个不安分的基因——敢于突破和创新。面对纷至沓来的激烈竞争，九阳并未迷失，通过技术方面不断推陈出新，远远甩开了竞争对

手，这是九阳在豆浆机行业市场占有率始终维持80%以上，销量年年第一的“法宝”。在技术创新的同时，九阳为降低制造成本，决定将公司的研发和制造重心南移，充分利用当地丰富的OEM资源，并将制造环节慢慢淡出，充分利用产业链上下游资源。

伴随着九阳豆浆机在市场上几乎成为一枝独秀，九阳适时将触角伸向了厨房小家电领域的其他产品，如料理机、榨汁机等。九阳的创新不仅在产品研发方向，在终端市场九阳还创造了一个全新的消费理念和“体验式营销”。

王旭宁说：“九阳卖的不仅是产品，而且是一种生活方式。”在对豆浆产品进行推广时，从文化领域和卖场产品体验入手，推广我国传统的饮食方式，通过豆浆文化传播来培育这个细分市场，并通过“食尚”理念扩充产品领域。创造并培育一个细分市场，正是小家电行业引人入胜之处。

在创客的第三阶段，融资模式从内源融资跨越到外源的间接融资模式（图5－2）。

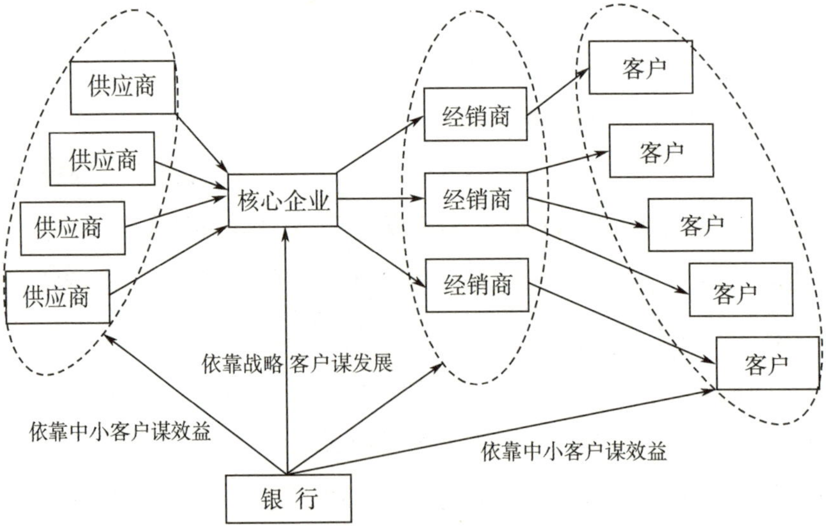

图5－2 商业银行创新供应链融资模式

（三）小产品，高成长（2006～2015年）：独领风骚，产品创新

从行业缔造者到文化推广商，九阳在不同发展阶段实现着角色的转变。进入增长期，九阳的发展速度加快，产品销量节节攀升。从2006年到2008年，九阳处于快速发展的时期，其收入增长迅猛，2008年的销售收入是2006年的4倍多，其净利润更是有着10倍以上的增长。从2008年的增速高点，到这几年50亿元的徘徊，九阳一直在进行调整。

豆浆机行业爆炸式的增长使得该领域的竞争日趋激烈。为了改善这一局势，公司改进产品质量和创新产品，努力完善产业结构，利用其已有的产品、技术、市场的优势，在现有业务的基础上进行了横向和纵向的扩张。九阳的主营业务从豆浆机为主导的模式向豆浆机为主、其他多种业务为辅转变，单一的豆浆机系列扩展为食品加工类，涵盖了更多的产品。除了横向拓展产品领域，九阳也向产业链上游寻求新的发展契机——通过销售装、随机装、演示装等，在销售豆浆机的同时销售大豆、黑豆和花生等豆料上的纵向发展。此外，九阳还积极投身于爱心事业，2010年设立了5000万元九阳希望基金，启动了“九阳希望厨房”大型公益项目，致力于推动解决山村学校的公共食堂和厨房条件简陋、设备陈旧的问题，致力于改善孩子们的就餐环境和营养健康状况。

横向方面，单一的豆浆机系列扩展为食品加工类，涵盖了更多的产品。纵向方面，连年实现了若干项目：

2008年，九阳拟投资4.12亿元到济南年产800万台豆浆机及5万吨豆料项目。

2008年，九阳拟投资2亿元用于营销网络建设项目。

2009年，九阳为健康好豆浆的专用配料提供生产基地，实现“好的豆浆机+好的豆料及配方=好豆浆”的长远发展战略，投资1亿元人民币，在黑龙江省佳木斯市建设生态工业园，实现了绿色大豆种植，保障了原料的品质。

2011年，进军水产业，逐步建立健康产业的龙头地位，创建了以健

康为核心的“好机+好豆+好水=好豆浆”的产业链新模式。

2015年京东智能携手九阳，构建智能厨房。

九阳发展建立在一个新兴产业上，这个产业具有持续快速发展的趋势，面对这样的蓝海市场，九阳清晰地确立企业战略就是“小产品、大市场、小规模、大效益”。所以，九阳采取的是产业链合作战略，在建立营销网络之前，确定了自己网络建设的宗旨：寻求战略性合作伙伴，选择与公司宗旨相一致的经销商。这一时期，九阳覆盖城乡的多层次营销渠道日益完善，自2008年至今，九阳已发展约400个一级经销商，营销网络覆盖全国270个以上地级城市、2000个县级城市，拥有20000多个零售终端。境外营销网络在我国港台、东南亚等地区进行了探索尝试，公司的特色营销渠道体系进一步优化与完善，为公司的长远发展奠定了扎实的渠道基础。

近几年，互联网尤其是移动互联网迅速发展，也颠覆着现有企业的商业模式，传统商业企业开始转型。互联网时代如何转型升级？如何根据自身条件来选择创新突破呢？面对转型的焦虑，九阳没有迷失，而是在变革中不断探索前行。在2013~2014年，九阳充分发挥互联网精神中的“开放与连接”精神。

“互联网+线上+线下”电子商务：九阳不断强化用户体验，通过网络互动营销让用户更深入地了解产品和理念，并通过多样性的活动制造话题和讨论，与用户通过互联网直接交流和沟通。

互联网+线下超市模式：九阳在终端用“厨房操作吧台”取代“传统货架摆放售卖”的模式，构建导购社交群等方式进行探索，将消费者连接起来。随着互联网的发展，九阳不断创新前进，而且紧抓“用户”核心，努力构建虚拟世界的理想国，通过线上、线下两条路径分别切实满足客户需求。

在互动营销方面，九阳的新媒体整合营销案例也成为业界营销典范。以九阳铁釜饭煲上市为例，九阳彻底打破了传统广告投放模式，直接把做广告的钱回馈给消费者——“白送”饭煲，利用微博和微信来开展“九阳白送一万台铁釜饭煲”的主题活动，并在线下实体门店也同步启动“白送”活动。经过近1个月的自媒体推广，九阳不仅收获了热议的传播效果，网上也陆续看到中奖用户的产品体验文章，在各大平台、社区共计发出400多篇帖子，评论转发10万余次，通过线上互动、整合新媒体事件营销的模式累积影响2亿人。

九阳的销售渠道从传统的扁平化设计到三四级市场的整体布局，再到电子商务网络的构建，都体现了对渠道系统的有效整合，从而不断提升流通的效率。在电商领域，公司从产品组合、定价策略、营销手段、消费者体验、库存管理、售后服务能力等多维度入手，重塑供应链体系，以实现消费者需求的最大满足。基于此，九阳已经成为电商销售占比最高的传统小家电品牌。

九阳在不断强化“豆浆机开创者与领导者”先发优势的同时，也不断深化九阳小家电的品牌推广，努力开创豆浆机产品与小家电产品均衡发展、互利双赢的格局。九阳着力打通整个产业链条，致力于构建完整的解决方案。

创客融资从单一客户融资，进入全面的、全通道的、以核心企业为载体的投融期（图5－3）。

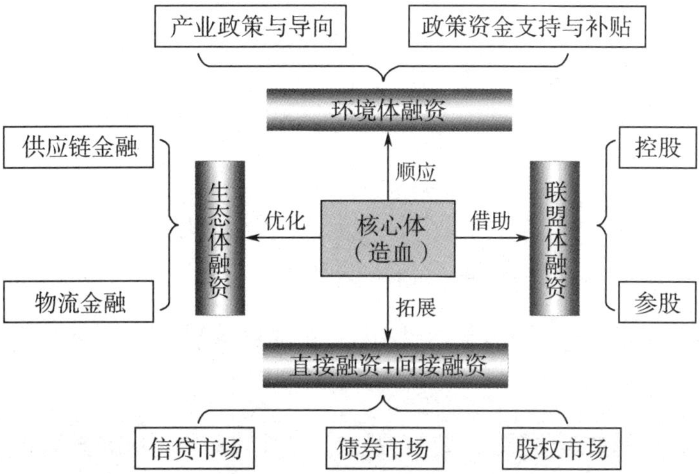

图5－3　全面的、全通道的创客融资体系

（四）小九阳，大健康（2016～2020年）：引领家庭健康产业新生活

中国家电业早已进入一个品牌制胜的时代。在中国家电业遭遇群体市场寒流的今天，小家电行业却正在崛起，小家电以时尚、个性、高雅、方便、实用等特点深深赢得了千万家户的青睐，在赢得市场的同时，也扯起了利润与成长的细分行业大旗。时至今日，从无到有、从小到大、从弱到强，中国小家电业正以令人惊叹的速度快速成长，成为一个名副其实的“大市场”。

九阳的发展，不仅仅是企业的成长，更是一个产业的成长。九阳的第一个10年，把豆浆机做起来了；九阳的第二个10年，把厨房小家电做起来了。那么下一个10年，九阳将致力于升级中式厨房——一个无烟的、智能的、开放的中式厨房，用科技创新改善用户体验。在移动互联网时代，九阳与时俱进，不仅要求产品质量过硬，更注重消费体验，关注小众的需求。让用户参与到产品创新、设计、生产、销售服务的整个价值链中来，找到用户真正的痛点，打造让用户尖叫的产品和体验，让产品自己说话，用互联网工具更好地服务和回馈用户。

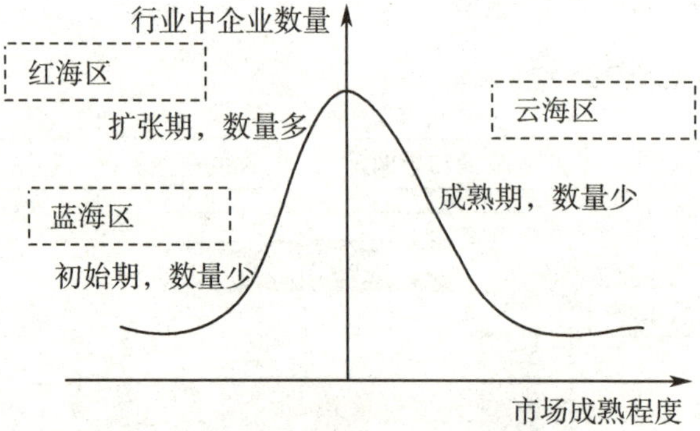

图5－4　创客融资的“三个区域”

20多年前，一个不起眼的小小豆浆机，造就了一个新的产业集群，创造了“一片森林”。

创客融资的成功之路，要经历“三个区域”，一是蓝海区，二是红海区，三是云海区（图5－4）。九阳公司是一个非常成功的经典案例。

二、星科公司：出类拔萃，教育行业的一颗明星

星科公司以电器智能教学设备把生产与实验室集于一体，得到国内科技部门、教育部和劳动部的认同与支持。在职业教育创新上，引领了国内新兴职业教育行业的新路径，提升中国产业制造到产业创新的培训发展之路。

职业教育机构虽然很多，所提供的教学内容多是“理论化”的传导模式。星科是一个“市场导向”的服务创新提供者，所提供的服务项目能够随着中国消费行为结构的变化而逐步进行调整。

在中国模拟仿真教学设备市场尚处于萌芽期，星科借鉴德国“双元制”职业教育模式，提出了“将工厂搬到实验室”的思想，进入电器智能教学系统市场。甚至可以说，在星科之前，中国大陆在职业教育领域并没有一套完整的智能化教学设备。这种看准市场未被满足的潜在需求、提供创新智能服务的眼光，是星科站稳中国市场的第一步。

随着市场的发展和消费者需求的改变，公司在以智能化职业教育教学装备系列产品为主营业务的同时，大力促进虚拟仿真实训系列产品的研发、生产和销售，积极开拓职业教育云平台服务及应用软件开发。

在星科成功之后，很多人发现智能教学系统在中国有很大的市场，众多的企业如雨后春笋般出现。星科作为一家高新技术企业、双软企业，一直致力于职业教育培训产品的研发、生产和销售，始终贯彻“技术为本，创新为魂”的发展理念。星科的创新，就是披荆斩棘。创新对星科公司来说，就是星星之火可以燎原。

该创客企业经历了创客的前三个融资期，目前正在进入创客的第四个发展融资期，创客融资模式与第一个创客案例相似。

（一）“走”：走入职业教育（1999～2005年）

企业家是一个企业的灵魂，其战略思想决定着企业发展的成败和

快慢。王继，山东星科智能科技股份有限公司董事长，坚持做对社会有意义的事，坚持为中国职业教育发展添一份力，这也是星科创立的初衷。

1987年，王继从山东工业大学电子系毕业后分配到济钢，因出色的工作表现屡受好评，并担任重要职务。但他心中一直涌动着创业的激情。机缘巧合，他开始研究职业教育。经深入调查走访他发现，当时我国职业教育存在很大弊端：课堂上老师传授的内容远远落后于企业生产车间实际操作所需技能，学生所学知识和企业的需求严重脱节。其中一个关键因素是老师所用教学设备，实际早在多年前已被企业淘汰。

如何破解职业教育与企业实际需要“两张皮”问题？王继和他的团队做了大量的研究工作。经过无数个不眠之夜的深思，星科人找到了答案——采用计算机和多媒体技术，把工厂搬到学校实验室。

公司成立前三年，别人都在抢市场时，星科却甘于寂寞，埋头研发与企业生产一线设备完全同步的职业教育教学设备。2002年，国家提出要大力发展职业教育，行业迎来发展机遇。得益于前期扎实的研发基础，星科厚积薄发，自主研发的教学设备和软件广受职业院校欢迎。到2004年，星科产品已覆盖除台湾外中国大陆所有区域。目前，公司产品遍布职业教育教学仪器及软件市场，并出口30多个国家与地区。

（二）跑：领跑职业教育（2005~2013年）

人才是一个公司长期发展的源泉和动力。星科注重人才的培育，对内实行创新奖励制度，加大研发力度，积极鼓励员工创新，培养造就了一支高水平的创新队伍，该团队被评为济南市首批优秀创新团队；对外加大与各大院校的合作力度，尤其是与山东大学的全面合作，通过共建研究中心实现了人、财、物资源的共享、优化配置和整合。

“创新是实现自我的金钥匙，是企业发展的生命线！”这是星科公司对科技创新的理解和定位。星科的发展强调通过技术和自主专利权的掌握来打造企业的核心竞争力。将核心技术的提升及新产品的开发放到了公司的战略高度之上，并在此基础上适时推出了以“技术、管理和企业文化”为核心的企业“三轮驱动”创新工程。经过近10年的发展，星科已经摸索出了一条技术创新的道路。为有效解决当前我国部分行业职业教育与现实脱节的难题，经过团队的反复研发完善，2008年，拥有自主知识产权的虚拟仿真炼钢系统问世。目前，星科已经研发了从炼铁、炼钢、轧钢等模块化的钢铁行业全过程生产模拟操作系统，并积极开拓有色金属等行业。在教育资源公平化问题上，星科不遗余力。近两年来，公司开始重点研发职业教育云平台，为师生提供更好的一体化服务。凭借持续不断的创新，星科引领着行业的每一次飞跃。如今，星科综合实力在中国职业教育教学装备行业及中国冶金专业化虚拟仿真培训产品领域名列前茅，是“CETTIC 新职业技能人才——汽车智能控制技术专项培训”的唯一专设培训机构。

在智能化教学设备和虚拟仿真实训产品的生产经营的价值链条中，价值含量最高的环节有两部分：一是产品的设计和开发，二是商品的市场营销。因此，星科公司集中资源全力培养公司强大的产品设计和市场营销能力，使之成为公司两件有力的竞争武器。星科公司采取的是“智者借力而行”的合作战略，充分借助外部供应链上、下游资源，实现了优势互补的作用，加快了企业自身的发展，经营业绩节节上升。

在竞争激烈多变的市场环境中，在对自身内部资源和外部环境详细分析的基础上，做出关于企业发展方向和长远性、全局性经营范围财务谋划尤为重要。1999~2005年是公司创业初期，由于产品被市场潜在客户所接受的不确定性，企业经营风险高于财务风险，而金融机构考虑到稳健性等因素，一般不会给这个时期的企业提供资金，企业资金筹集相对困难，所以星科公司在初创期更多考虑股权融资或是资助。经过多年的积累，公司进入快速成长期，盈利状况良好。进行市场开拓、业务发展以及研发等均需要大量资金投入，在公司尚未进入资本市场前，融资渠道较为有限。所以，这个时期星科选择银行贷款融资以及风险投资融资的方式。

（三）飞：中国职业教育第一品牌（2014年至今）

2015年1月24日，星科成功登陆新三板，成为济南首批挂牌新三板的企业。从理念创新到技术创新，再到商业模式的创新，星科成立15年多来，已经站上了新的高度，对星科发展具有重要里程碑意义。

新三板挂牌后，星科成为资本市场的“弄潮儿”，为企业发展开辟了新的融资通道，使得高新技术企业的融资不再局限于银行贷款和政府补助，更多的股权投资基金因为有了新三板的制度保障而主动投资。星科此前已获得了包括深圳创新投资集团有限公司在内的数家知名风投机构投资，目前更多的风投机构纷至沓来。此外，上市对企业规范管理、提升公信力、增强品牌影响力、强化人才向心力都会有很大推动，借助资本市场之翼星科可以实现快速腾飞。

目前教育行业正值上升期，国家政策大力扶持，良好的环境有利于企业的发展。未来，星科的发展坚持“三驾马车”并驾齐驱，做一流的教学装备供应商：稳定发展传统智能化教育装备板块，大力发展虚拟仿真板块，积极开拓教育云平台板块。

三、山东红太阳体育产品：与众不同的创业之路

2015年9月的济南，秋高气爽，笔者如约在茶社见到了山东红太阳保温材料有限公司总经理王孝存，回忆起王总20多年职场与商海的经历。

王总个人与企业的发展历程，是大时代下小微企业发展的缩影。笔者按此分类，描述王孝存带领他的小微企业在不同阶段走出的不同轨迹。回望他创办红太阳的历程，大致经历了三个发展阶段：

2003～2007年是艰难的创业期。这个时期的融资模式，以内源的朋友圈融资为主导。

2008~2011 年是企业成长期，转型生产体育产品。这个时期的融资，以外源间接的、贸易交易型的供应链融资为主导。

2011 年至今，侧重环保产品的研发、推广，拥有多项发明专利，处于公司蓬勃发展期。这个时期的融资模式，以外源直接风险投资为主导。

红太阳发展史也是一部社会变迁史，企业发展历经国企股份制改革、中国成为世界工厂、人民币升值、B2B 电商模式的发展等宏观经济形势。在大形势下，王总以顽强的创造力与生命力带领企业冲过一道道围栏，其出色的市场观察能力、适应能力、创新思维及融资能力，值得每一位小微企业主学习。

正可谓："山不在高，有仙则名，水不在深，有龙则灵。"企业不在大小，关键在于优质，小而优，小而精，小而强。山东红太阳保温材料有限公司成立于 2004 年 4 月，注册资金 210 万元，全部为自然人以货币资金方式出资，其中法定代表人王孝存出资 160 万元，占比 76%，是最大的自然人股东。该公司是一家集保温材料、体育用品、环保产品的生产、加工为一体的综合企业，其经营范围包括空气净化器等环保设备的生产、销售、技术开发、转让与服务，货物及技术进出口。公司目前已具备生产 50 万个泡沫坐垫、50 万个游泳板，5 万个瑜伽柱及 10 万个坐垫，10 万台空气净化设备的生产能力，目前以体育用品为主打产品。

法定代表人王孝存，高级会计师。1986 年毕业于北京工商大学，研究生学历，曾在浪潮集团担任多年财务管理工作，具备丰富的理论知识、管理经验以及对市场的认知和洞察力。2004 年，他注册成立了红太阳保温材料公司，担任山东红太阳保温材料有限公司董事长兼总经理，主持公司全面工作。通过进行技术改造、设备改进诸多努力，王孝存带领公司研发团队研发了新型空气净化设备、光触媒抱枕、光触媒坐垫、光触媒床罩、光触媒瑜伽垫等多项实用新型专利，并取得了国家知识产权局颁发的专利证书。

下面我们随王总的成长经历回顾企业的发展历程。

（一）创办小微企业，进入保温材料行业

1990 年，刚从北京商学院本科毕业的王孝存进入山东省国资委下属国企，从财务部科员做起。1990 年的大学毕业生还较稀少，作为社会未来的中坚力量，王孝存受到了各单位领导的重视。上级领导看到这个新来的年轻人思维敏锐、财务知识扎实，便让其从略带枯燥的会计岗位转任集团融资经理。机会总是垂青那些有准备的人。入职之初王孝存便不满足那种朝九晚五式的生活，通过工作他渐渐对企业融资、资本运作产生浓厚兴趣，通过对专业知识的系统学习积累了扎实的功底。此番走马上任，王孝存利用自己的专业技能大展拳脚，先后完成几次漂亮的融资，并在当时带领其他国有企业开发出银行融资新模式，创新了银行信贷产品，一时间，王孝存成了集团的名人。26 岁时，因为工作能力突出，王孝存成为该集团历史上最年轻的副处级干部。转眼来到 1997 年，国企改革如火如荼，该企业作为山东省大型国企率先试点，企业股份制改造上市成为集团的首要目标，运作上市的重担压到了王孝存肩上。所谓时势造英雄，王孝存作为此次上市的主要负责人，带领股改工作小组北上京城南下深圳，利用各种社会资源与各大机构进行对接，历经三年风风雨雨，成功将公司运作上市。论功行赏之时，他却不愿离开旧岗，几经波折，被集团选派到北京担任分公司总经理职位。

2003 年，在北京工作一年的王孝存因为家事返回济南。北京单调的工作让这位一战成名的年轻人萌生继续创业的想法。说干就干，他与在塑料研究院的同学商议创业方向，对方告知橡塑保温行业是新型产品，原料及生产成本低，利润可观。在考察了一番市场，联系了几家潜在客户，做好人员技术储备后，王孝存开始了创业阶段的第一轮融资——朋友赞助。当时工商局要求只有注册资金在 200 万元以上的企业才可以注册省级名称（这一规定现在已经取消），而王孝存当时手里的可支配现金只有50万元左右。万事开头难，公司名字若用省级名称更能打出知名度，考虑再三，王孝存周知了朋友们要下海创业的消息，没想到引来了朋友们的热情赞助，大家相信他、认可他，不求回报，为他凑齐了注册公司所需的200万元启动资金。

不积跬步无以至千里。人们可能会羡慕王孝存的第一桶金来得如此容易。其实不然，诚信是人作为社会一员能够安身立命的关键。通过在国企多年的工作及运作企业上市的经验，王孝存所表现的出色的专业能力、良好的行为习惯及诚信形象让朋友们加深了对他的了解及信任程度，以至在他作出下海决定之时，朋友们依然相信，那个自信强大的王孝存依然会再次如新公司名字那样，照亮众人的双眼。

拿到第一笔资金，王孝存顺利注册成立了山东红太阳保温材料有限公司，自己担任法人代表并任总经理。公司注册成立后，作为一家主要发展方向为生产橡塑保温材料的企业，原材料采购及设备的到位成为企业面临的首要难关。市场上的生产设备价格高且操作复杂，王孝存就与技术员一起购进设备零部件，从头学起，历经数月时间组装起生产设备。就在他们准备大干一场时，寒冬来临，根据创业之前的原材料成本计算，生产保温材料利润可观，而就在历经数月将生产设备组建完毕时，生产所需的橡胶及塑料价格飞速增长，产品利润率急速下降，王孝存面临着是知难而退还是硬着头皮继续走下去的选择。开弓没有回头箭，下定决心要干出一片事业的王孝存迎难而上，带领员工生产出了红太阳第一批橡塑保温产品，并经朋友介绍成功销往本地一家太阳能龙头企业。

就在大家庆幸企业逐渐走上正轨，可以大干一场之时，济南寒冷的冬天再次浇灭了大家的激情——客户来电，由于当年冬季温度太低，红太阳所产保温产品质量一般，导致水管冻裂，要求快速进行售后维修。刚搞明白生产管理的员工们还没意识到售后问题的严重性，维修日期一拖再拖，客户最后因为产品售后不力终止了与红太阳的合作。明明可以到手的第一笔回款，就这样化为泡影，王孝存陷入了深深的思考：他不明白，为何自己如此努力，竟然连到嘴边的肉也溜走了。经过开会沟通，销售部门总结反思，王孝存发现公司销售部门领导未能及时进行售后反馈是导致客户流失的主要原因，自己财务及资本运作能力突出，而与人沟通、销售能力欠佳也是导致公司销售渠道迟迟未能打开的原因。经过一番讨论，困境中王孝存及时调整了公司销售队伍，结合当时 B2B 电子商务在中国迅速发展，具有敏锐市场观察力的王孝存成为中国第一批在网络上销售产品的中小企业。很快，来自我国台湾省的第一笔订单通过网络与红太阳达成了供货协议。

（二）转型于体育产品的创新与开发，进入核心产品研发阶段

经过产品质量及销售网络的逐步建立，公司销售网络逐步铺开，海外订单纷至沓来，公司生产经营逐步进入正轨，销售渠道开始由内销转为以出口为主。国外大客户传来的大额订单让王孝存既高兴又头疼，客户支付的定金满足不了公司购买原材料所需的资金需求，而一般银行对中小企业贷款都要求采用房产抵押担保的方式进行。王孝存经过朋友了解中信银行开发了一种名叫“订单贷”的产品，只需要企业提供征信、流水、上下游固定合作合同及最近接收的大额订单，便可以申请订单贷款。王孝存喜出望外，自己需要的不就是这种新型贷款方式吗？准备好资料，他迅速去银行申请订单贷款。银行经过审查发现红太阳上下游合作客户稳定优质，且回款正常，企业及控制人征信记录良好，很快为他办理了订单贷款。

通过银行订单贷融资，王孝存借势逐步开发了欧洲及中东市场，企业规模不断扩大，生产效率逐步提高，国家的出口退税也弥补了原材料涨价而流失的利润，红太阳步入了稳定的发展轨道。

2008 年，国内外宏观经济形势发生变化，国家汇率政策逐步调整，人民币逐步升值，红太阳出口产品价格优势逐渐降低。雪上加霜的是，

国家取消了对塑料保温制品的出口退税政策。受宏观经济形势及国家政策的影响，原材料采购成本迅速增加，红太阳生产的保温产品利润逐步下降，企业发展迎来了第二个寒冬。

刚从困境走出来的王孝存再次陷入了深思，此时的他已不仅仅是一名出色的财务人员，经历艰苦的企业成长史，他逐步成为产品专业性强、具有敏锐市场调节能力与优秀融资能力的企业领导者。从公司产品入手，他突然意识到橡塑产品可以延伸到社会的很多领域，经过观察研究，他决定带领公司转型。众多体育用品比如瑜伽柱、拳击垫等都会用到橡塑产品，且这种产品对规格要求灵活、批量小，规模化生产的大企业对此订单吸引力小，小企业缺乏专业设备，体育用品作为国家支持的出口产品享受政府出口退税政策支持。红太阳此时已经经营橡塑制品多年，生产工艺技术逐步成熟，目前只是缺乏专业化的体育用品生产设备。于是，王孝存根据公司现有生产设备状况，对设备加以个性化改造，使设备可以生产出健身垫、瑜伽柱等体育健身用品，具有操作简单、耗电量低的特点。

在国家出口退税政策的支持下，之前主要生产保温材料的红太阳，此时转型开始大量生产体育设备，并陆续成为外国知名体育用品商的代工厂。

事实证明，王孝存通过转型再次带领企业走出了困境。在当前倡导全民健身的形势之下，体育产品一直是销量稳定的蓝海市场。此番改革，经过层层筛选，王孝存成为沃尔玛全球体育用品供应商之一，并为德国知名零售商利德公司供应体育器材。随着公司规模再次扩大，沃尔玛等知名厂商的大额订单让王孝存产生了新的业务需求——信用证贷款。由于核心客户为国际知名企业，国际声誉良好，红太阳作为核心企业供货商企业资质不断加强，信用评级迅速上升。通过与银行客户经理联系，红太阳在成长期顺利地申请到了信用证贷款。

（三）提升于环保产品的创新与研发，实现公司发展方向的根本转变

作为一家主要从事出口贸易的本地企业，红太阳的发展一直受到政府的关注，当地科技局及协会等组织先后多次到厂区考察该企业发展状况。2008 年的一天，本市科技局领导再次对厂区进行参观时，向王孝存提出，国家一直有专项资金扶持小微企业发展，市科技局每年都会拿出专项资金支持小微企业提高自主研发能力，鼓励企业创新。这个消息让王孝存喜出望外，因为在去外地出差时朋友告诉他目前市面上空气净化设备作为一个新型行业发展迅速，而某些红太阳产品通过材料的升级方式有助于降低大气污染浓度。综合考虑公司发展前景及有政府资金支持，王孝存带领研发团队花费数月时间研究将公司材料与空气净化设备相结合，并成功形成可行性报告提交政府部门审批，经历公正的异地专家评审之后，王孝存的亿级负离子净化器一举获得创业评审项目第一名，得到了政府的扶持资金。认识到创新是企业核心竞争力的王孝存再接再厉，继续投入产品的研发设计当中。

目前红太阳公司开发出了清清宝系列空气净化器产品（包含高科技家用空气净化器、便携式空气净化器、中央送风空气净化器），成功将世界最先进的空气净化技术——光触媒应用于海绵发泡等载体，能迅速高效地将空气中的甲醛、苯、氨及 PM2. 5、挥发性有机化合物（TVOC）等污染物分解成无污染的二氧化碳和水，是一种真正绿色、环保、低碳、时尚的高科技空气净化产品。

与此同时，企业研发空气净化产品及市场推广所产生的资金需求日益增多，又不能占用原有的体育用品业务资金。王孝存果断开发适合自己的新型融资方式，找到担保公司，走银行委托贷款的方式，以较小的研发成本取得更多的研发资金。

现代都市的消费潮流，已由解决温饱奔小康转向摆脱亚健康、追求真正的健康生活，健康已经成为现今社会人们的首要关注点。红太阳正

确把握商机，经过不断的发展，生产、经营已经步入正轨：2012 年实现销售收入 1262 万元，利润总额 99 万元；2013 年实现销售收入 2040 万元，利润总额 117 万元；2014 年实现销售收入 2539 万元，利润总额 267 万元。预计 2015 年将实现销售收入 3000 万元，利润总额 310 万元。可见，该公司目前的主要产品定位于生产体育用品，为该公司带来新的销售及利润增长点，具有一定的发展前景。当前我国各地空气污染严重、国民日益注重健康的背景下，既具有自主知识产权又具有设计及生产能力的红太阳迎来了公司向更高层次前进的契机——通过运作绿色环保产品申请新三板挂牌上市，通过上市扩大产品效应，为企业发展融入更多资金。

截至目前，红太阳形成了以生产体育用品器械为主、未来空气净化设备为辅的企业发展方向。作为具有多年资本运作经验的总经理，此时的王孝存更多思考如何进行市场布局、公司未来发展方向等前瞻性问题，他清楚地了解到公司目前存在销售体制不健全、企业上市之前缺乏改造资金的问题，但优势同样明显，红太阳有一个具有敏锐市场观察能力、适应能力、技术研发能力及优秀资本运作能力的领导及优秀的团队，在可以预见的将来，红太阳一定会以其先进的空气净化产品，重新带给深受雾霾困扰的国民以光明的喜悦。

四、太阳能科技公司：新能源产业，另辟新径的品牌供应商

2009 年，王芯隆（现任华昇隆公司总经理）刚刚大学毕业，在家人的影响下，凭着一腔热血投入太阳能行业，初创期就将产品定位于太阳能光热领域，准确地切入了一个新兴的细分市场。经过多年的奋斗，华昇隆不断进行太阳能热水器的技术革新，获得了 17 项技术专利。

华昇隆创业者王芯隆完成了从一名普通的大学毕业生到太阳能行业企业家的转变，实现了从学生到优秀的商业精英飞跃的梦想。

山东华昇隆太阳能科技有限公司，专业从事阳台壁挂分体式太阳能热水器、平板太阳能集热器、搪瓷内胆水箱、太阳能中央热水系统、电热水器、空气能等多能源承压储热水箱的研发、设计和生产制造，是中国太阳能光热产业搪瓷承压储热水箱专业委员会主任单位、太阳能搪瓷储热水箱行业国家标准起草制定企业之一、中国轻工搪瓷行业（太阳能搪瓷储热水箱行业）的高新技术企业。

公司拥有国内一流水平的平板式太阳能生产线 2 条、激光焊接线 3 条、超声波焊接机 1 条、液压机组 2 组、成型机 2 条、静电粉末涂装线 1 条、搪瓷生产线 2 条。

华昇隆水箱内胆在行业内通过澳洲 25 万次内胆强度脉冲测试，并创造了 26 万次内胆疲劳强度测试的纪录。目前年营业收入达 1.5 亿元。

（一）注重品质，放眼行业（2009 ~ 2011 年）：产品品质是企业的核心

创业前期，企业的现金净流量为负数，华昇隆采取不分配利润的政策，将大量利润留存在企业内部，以满足其发展需求。同时，华昇隆还需要不断投入大量资金，但由于初期融资渠道受限，华昇隆只能选择留存税后利润，为企业的进一步发展奠定物质基础。

太阳能热水器作为人们社会生活中最基本的家庭消费品，产品种类繁多，更新换代较快。行业竞争激烈，企业如何生存、持续发展成为首要问题。杰克·韦尔奇说过："质量是维护顾客忠诚的最好保证。"华昇隆正是意识到保证产品品质可以使企业在竞争中立足，因此华昇隆在创业初期就致力于保证产品品质和产品创新，更是将品质检验和技术研发作为支撑华昇隆发展的重要动力源。

华昇隆的产生源于最初的节约能源要求，因为对太阳能光热的热爱而研发生产了太阳能热水器。随着客户需求多样化的呈现，华昇隆不断进行技术改革，迎合市场发展。

华昇隆的发展初期困难重重，为保证产品品质，在华昇隆内部发生

了一件被业内人士称作标志性的事件。2010 年，由于产品的设计和制造工艺不纯熟，一批太阳能搪瓷内胆（1000 多个）存在品质上的小瑕疵，但是并不影响客户使用。华昇隆本着“品质为王”的核心价值观和“为客户着想”的理念把这一批内胆全部报废，大约损失了 300 吨钢材，此举可媲美当年海尔的张瑞敏砸冰箱事件，一举奠定了在华昇隆人心目中品质至高无上的理念。自此，华昇隆凭借着良好的产品品质和优秀的用户口碑在太阳能光热领域深耕细作。

创业初期，由于产品的客户接受度存在不确定性，企业的经营风险高于财务风险，而负债筹资成本较高，所以初创期的公司绝大部分资金靠个人资产或私人借款来筹集，资本化程度较低。因此，王总等人共同投资成立华昇隆，显然采取的是接受直接投资的权益性筹资战略。

（二）坚守梦想与信念，展望行业新发展（2011 ~ 2012 年）

华昇隆在光热领域以品质扬名，可以说是这个行业毫无争议的领先者。华昇隆坚守诚信经营的理念，该月结的货款到期一分不欠，该发的工资按期如数发放。在企业最困难的时候，王总等人想尽一切办法筹集资金，尽管客户欠了华昇隆很多的货款，但是华昇隆没欠供应商的一分钱，也没欠员工的一分工资。

诚信的口碑使得华昇隆慢慢成为客户的首选。然而市场残酷，面对纷至沓来的激烈竞争，华昇隆并未迷失，通过技术不断推陈出新，远远甩开了竞争对手，充分利用当地丰富的 OEM 资源，上下游供应链进行整合，逐步成为行业的领跑者。

（三）创造新产品，节能减排（2013 ~ 2014 年）：产品创新，关爱环境

太阳能热水器市场上鱼龙混杂，品质良莠不齐。华昇隆在坚定自己品质的前提下，加大研发力度，进军电热水器、小厨宝、空气能热水器等市场，在研发新产品的同时，注重保护环境，采用低能耗、无污染的技术项目。

2014 年华昇隆开始涉足空气能领域，研发的空气能产品能耗比传统的空调等制冷采暖设备低了约一半，帮助华昇隆提高了 30% 的产值。

（四）创立高品质，走向品牌导向（2015 ~ 2020 年）

伴随着人类对健康产品的需求，未来的华昇隆继续对产品进行创新改革，加大健康概念，注重环保健康领域，所研发制造的产品一定是本着健康环保为基础的，华昇隆不仅仅是产品的制造者，更是捍卫绿色环境的守护者。缩减横向发展，深挖纵向发展，注重产品的细节，形成多元化产业，力争到 2020 年实现销售收入 4 亿 ~ 5 亿元。

华昇隆企业的艰辛、探索与创业之路，用一句话概括就是：坚守诚信，注重品质，努力创新。正如日本著名企业家松下幸之助说过的：“非经自己努力所得的创新，就不是真正的创新。”

怀抱着“成为全球新能源产业顶尖企业”的梦想，华昇隆不仅成为江北地区最具实力的太阳能整机及配件生产基地，更是投身进入空气能的研发和生产领域，使华昇隆这个牌子逐渐成为太阳能乃至新能源行业的领先品牌，更让华昇隆这个名字给客户追求健康舒适留下长长久久的印记。

该企业成功走过了前三个融资期，现正在经历第四个融资期。

五、创新致远——山东人在海南，创办互联网物流公司

（一）从区域小物流到互联网大物流

海口三顺物流公司董事长刘智学，在 2004 年抓住海南物流的空白期机遇期创建了这个公司。

该企业借助互联网科技对传统物流进行合理替代与改造，提升外源的商业银行间接供应链融资，使企业快速获得资金“输血”，得到全新的发展。

十余年风雨历练，三顺公司已经成长为一家集物流仓储服务、物流

信息服务、物流产业链服务等为一体的国家4A级综合性现代物流企业，国家重合同守信用企业，商务部城市共同配送示范企业，绿色货运低碳物流公共平台建设示范企业，交通部重点物流园区示范企业。

2006年，三顺物流由500平方米仓储开始仓储服务业务和城市物流中心布局。

2008年，公司抓住物流转型的时机，紧跟时代潮流，向信息化转型。

2010年企业改制。

2012年向互联网转型。

2013年在上海挂牌上市。

2014年旗下控股一路上公司在海南股交中心挂牌。

仓储业务平台实施走出去战略，在山东、广东、湖北、上海、广西、重庆等地建立物流基地，至今发展成为覆盖全国15个省市的物流基地、仓储面积达50万平方米、占地超过1000亩的仓储规模。客户结构覆盖家电、IT、食品、服装、医药、通信、建材等行业，年货物周转额近百亿元，拥有货车司机会员超15万名，3万辆车体广告车库资源，年配送能力100多万台件套。未来公司以轻资产、快速度、重规模，打造全国物流网布局，塑造三顺裂变发展模式。

（二）发挥科技创新驱动，助力企业转型升级（2008~2013年）

公司自创建初始，一直致力于物流信息化的建设与研究。为支持公司发展建设，公司投入巨资用于物流公共信息平台、仓库管理系统、物流通用软件、呼叫中心管理系统、司机一卡通APP等软件建设，以及二维码、分拣设备、GPS等智能设备研发与购置，努力打造智慧三顺信息平台。

公司自主研发了“司机一卡通系统”，以“平台池子大车库，互联互通司机网”为核心，专注于全国城际配送货车司机群体。通过整合社会化运力资源，已为全国超15万名司机提供找车找货、车体广告、加油优惠、保险团购、机油优惠、年检办理、司机信用卡办理等多方位多功能的“开源节流”服务，尽享省心、省力、省钱，为广大司机群体用户带来增收与降本。公司携手中石化、中石油推出加油“巨划算”活动，通过司机一卡通会员卡加油的司机均享每升优惠0.3~0.4元，每年可为绝大多数司机会员人均节省2000多元，实实在在地让利于广大司机，让司机会员享受到更大的优惠。平台年交易金额约2亿元。

通过整合社会资源，集聚社会运力资源，打造海南省公共物流信息共享平台，实现与国家物流信息平台对接。物流信息平台建立海陆空运输信息综合系统，包括车源、船和航班信息、货源信息，实行运价跟踪和行业运价指数发布，物流公司信息发布展示，物流线路发布，综合物流供应链服务等。仓储信息综合系统，包括仓储资源信息发布、仓储服务价格发布、供求交易。物流咨询功能，包括海南省现代物流业发展规划，政府物流行业最新政策法规，行业协会供稿、通知，物流论坛，物流学术研究，物流人才培训等。综合物流交易大厅，包括货代上下游、加盟连锁、协同运作、客户服务、货主下单、承运调度、过程监控、服务评审。

（三）依托物流融资平台，助力企业快速成长（2013~2015年）

2010年起，公司通过股份改制，向仓储+互联网企业转型升级，并于2013年6月在上海股交所挂牌上市，正式进军资本市场。

2013年初公司成立了物流金融部，根据仓储客户的需求，与多家企业、金融机构在供应金融方面开展质押监管合作。目前，该公司已取得中信银行、海口联合农商行、交通银行、海南省农村信用社联合社等银行的金融监管准入资格，合作过的监管项目有经营格力电器、海尔电器等企业。目前，已获得中国平安银行、交通银行各2亿元的授信以及海口农村信用社5000万元授信。海口市国资委也以股权投资的形式注资三顺物流。

2014年12月，公司旗下海南一路上移动传媒股份有限公司在海南股交所正式挂牌。2013～2015 年期间，公司通过上海股交所向社会企业或个人定向增发、增值扩股募集资金已超5000 万元。公司旗下一路上移动传媒公司于挂牌以来已融到2000 多万元资本，为企业的快速发展奠定了良好基础。

公司物流金融部主要开展货仓质押、司机信用卡、购车担保贷款等业务。为解决司机会员资金周转及便利问题，公司与 JS 银行、交通银行等多家银行联合推出司机信用卡，司机可以通过信用卡享受加油充值、购买轮胎、机油保险及缴纳过路费等便利与优惠服务，在资金短缺时也可作为应急之用。在解决司机便利及用钱难题的情况下，通过司机一卡通平台的消费流水，集聚成资金池子，逐步形成“一个平台、一个池子、一个车库、一张网络”模式，全力打造物流金融创新模式。

（四）借助互联网模式，构建全新物流模式（2015～2016 年）

公司目前已在全国重点枢纽城市建立十多个大型仓储基地，面积达50 万平方米。基地的服务仍然保持着传统的仓储、配送、装卸服务，但已无法满足当前电商物流快速发展及仓储服务质量高的要求。2015 年起，公司将传统仓储转型升级为网仓模式，与国内知名科技品牌企业共同开发建设网仓电商配仓管理系统，对货物进出流程进行可视化管控，对设备和人员进行实时跟踪管控，强化仓库组织管理、绩效管理、团队培养等，有效提高仓配效率，降低仓储管理成本。

建设智能仓储，逐步实现仓储互联网化。一方面，通过仓储管理信息系统的普及、自动存储与分拣设备的推广、物联网与移动互联网技术的提升，仓储管理智能化将逐步实现；另一方面，以云计算、大数据为基础，构建仓储互联网平台中央数据库，共享仓储资源与商品库存信息，对仓储网点实现“云仓储”管理，逐步实现仓储资源的网上交易、网上调度、实时跟踪与监控。

打造电子商务平台。公司通过整合现有的客户资源、本地热带农产品、各省市特色产品等资源，推动更多的客户企业尝试、参与、享受电子商务，切实感受电子商务带给企业的利润增长点。借助公司自有的信息系统研发能力，开发建设电子商务平台移动货车郎微商城，充分利用全国货车司机会员运力资源、全员销售、网点分布等资源，全面实现电子商务平台招商、销售、配送、交易等功能，打造出一个集商流、物流、信息流、资金流四流合一的一站式供应链综合服务平台，实现互利共赢。

全面整合仓储客户产品、海南特产、各地特产等资源，结合先进的大数据分析、O2O 模式，使得产品的网络销售不再只局限于传统的 B2C 商业模式，融入更多的前沿营销手法，使得行业营销格局产生巨大变化，开启一个营销的新纪元。入驻移动货车郎微商城平台，可以省掉电商团队的固定运营费用，轻松实现企业产品的互联网运作，为更多的企业电商一站式服务。公司不断加大平台投资力度，全面帮助企业解决营销难题，减轻企业负担，切实帮助企业开辟出一条行之有效的电商之路。

上述 5 家创客案例，在融资模式上分为两类，前端与后端是股权融资，中端是债权融资。创客的股权融资是基础，也是核心。这种融资模式的最大特点是“风雨同舟，风险共担”。创客的债权融资是延伸，是推进器，这种融资模式的最大特点是“锦上添花，利益共享”。这两种模式，从我国未来金融改革的趋势看，从金融对实体经济的促进发展来看，需要大力发展股权融资模式，大力推进私募基金与公募基金的多重模式，为创客企业提供更强大的金融支撑环境，优化金融结构生态体系，如图 5 – 5 所示。

上述 5 家创客成长之路，也是他们艰辛的创业之路，这些成功的案例，从各自不同的环境、条件、机会、行业，给那些有梦想、有志向、想创业的朋友们带来更多的启迪。

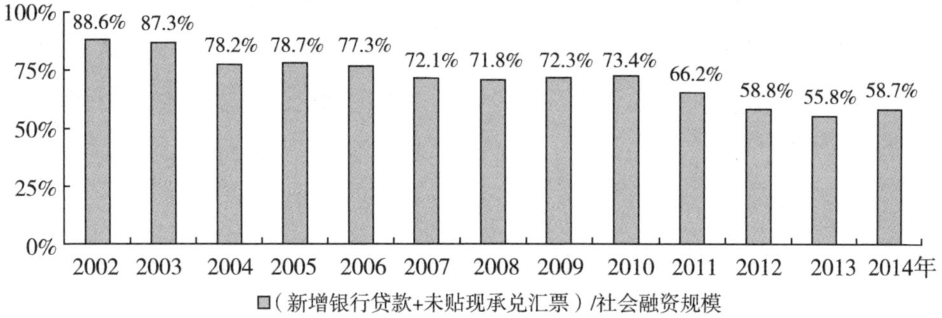

图 5－5　社会融资规模趋势

成功者的路各不相同，但有着相同的“成功基因”，可以概括为三点：

一要有自己的“独特核心技术”，没有核心技术是做不久的。什么是核心技术？一般来讲，要么与众不同，要么出类拔萃，要么与众不同＋出类拔萃。核心技术可以把“无形的创客远景＋设计”转化为“有形的产品＋市场”。创客要有自己的专业兴趣、创新偏好、职业优势，这是创客成功的关键。对任何一个企业，核心技术是创业的关键因素，核心技术决定市场定位，有了核心技术也就有了“核心产品＋核心市场”。

二要有一个合理的融资模式，没有融资模式是做不大的。这个融资模式包括股权融资和债权融资，股权融资可以解决公司的长期问题，债权融资可以解决公司的短期、临时性问题，不同的融资模式解决不同的问题。融资是创客成功的基础。

三要有一个“好的团队”，没有优秀的团队是做不强的。比尔·盖茨讲，小成功靠个人，大成功靠团队。企业竞争的背后，实际上是团队之间的竞争，团队背后的管理模式与持续推动团队成长的企业文化与商业运作机制都很重要。团队是企业发展的根本。创客创业的过程，实际上是一个市场稀有资源配置与有限资源高度发挥的过程。俗话说：“麻雀虽小，五脏俱全。”创业之路就是一部“百科全书”，在这个过程中，缺少任何一种稀有资源都不行。

企业不在大小，而在于“优质 + 优秀”。企业的终极目标就是要解决两个基本问题，一个是怎么样长大，一个是怎么样活下去。市场竞争下的企业，几乎都面临着这两个基本问题的考验。有的企业长大了，过了一把瘾，就死掉了。有的企业活下去了，但没有长大。

我们所期待的企业是“双本位制”，成功的创业之路是“既要长大，又要活下去”，这是我们最需要思考的发展之道。

图书在版编目（CIP）数据

创客融资路 / 金鹏辉主编. -- 济南 ：山东人民出版社，2017.8
ISBN 978-7-209-10745-7

Ⅰ. ①创… Ⅱ. ①金… Ⅲ. ①中小企业－企业融资－研究 Ⅳ. ①F276.3

中国版本图书馆CIP数据核字(2017)第196288号

创客融资路
金鹏辉 主编

主管部门 山东出版传媒股份有限公司
出版发行 山东人民出版社
社 址 济南市胜利大街39号
邮 编 250001
电 话 总编室（0531）82098914
市场部（0531）82098027
网 址 http://www.sd-book.com.cn
印 装 山东华立印务有限公司
经 销 新华书店

规 格 16开（170mm×240mm）
印 张 9.75
字 数 180千字
版 次 2017年8月第1版
印 次 2017年8月第1次
印 数 1-6000
ISBN 978-7-209-10745-7
定 价 22.00元